Le Pouvoir du Mentorat

Le Cadeau d'Emma: Le voyage de Claire vers la découverte de soi

Judy Robinson

A Propos de l'Auteur

Je suis la troisième de quatre sœurs et j'ai été élevée dans l'État de Washington. Comme beaucoup, je craignais d'être vulnérable et d'être perçue comme faible. Pourtant, c'est dans ces moments de vulnérabilité et d'inconfort que l'on s'épanouit le plus.

J'ai adoré mon adolescence - les amitiés, la famille, l'école, le softball - mais j'ai toujours eu l'impression qu'il manquait quelque chose. J'aspirais à une communication profonde, à être vue, entendue et comprise.

Dans notre famille, la communication était bien souvent superficielle : « Qu'est-ce qu'on mange ? Qu'en est-il des Seahawks ? À quelle heure est le match de softball ? » J'aspirais à quelque chose de plus profond, à quelqu'un de spécial pour discuter des aspects les plus profonds de la vie - la navigation après le lycée, les relations, l'univers et Dieu.

J'espère que ce livre vous aidera à ne pas craindre les « difficultés » de la vie, mais à les aborder comme une chance d'élargir vos perspectives et de grandir en tant que personne. J'espère également qu'il vous encouragera à utiliser votre voix, à exprimer vos pensées, à vous défendre et à rester fidèle à votre propre vérité, car vous êtes le seul à savoir ce qu'elle est.

Dédicace

Ce livre est dédié à ma fille Olivia et à Dan, qui a apporté une nouvelle lumière dans ma vie. Olivia, votre voix a le pouvoir d'inspirer les autres et de créer un changement permanent, et c'est quelque chose que l'argent ne peut pas acheter. Je veux qu'elle sache qu'il n'y a pas d'autre voix que la sienne. L'impact que vous avez peut durer de nombreuses années et toucher d'innombrables vies - tout le monde n'a pas cette chance.

Dan, vous m'avez montré la beauté de l'amour et du partenariat dans un nouveau chapitre de ma vie. Votre soutien et votre compagnie ont été une lueur d'espoir et de joie. Ensemble, vous me rappelez l'importance de l'amour, de la croissance et de l'acceptation du voyage de la vie.

Quand votre cœur a-t-il souri pour la dernière fois ? Votre voix peut vous aider à partager vos pensées et vos opinions, et elle peut avoir un impact profond sur les autres. En influençant les autres, vous les aidez à prendre confiance en eux et à agir positivement. Votre voix est un don qui peut inspirer les autres, et cet impact résonnera pendant de nombreuses années.

125
ADT

Remerciements

Merci à ma fille de m'avoir inspirée à écrire sur la vie sans peur et sur la découverte de qui vous êtes et de ce que vous avez à dire dans ce monde.

Se connaître soi-même, comprendre ses croyances et avoir le courage de s'exprimer lorsque c'est important demande de la force, du courage et une plongée profonde dans son cœur, son âme et son esprit pour y trouver des conseils.

Sommaire

Chapitre 1 : Identifier les Difficultés

D'aussi loin que je me souvienne, je n'ai jamais eu confiance en moi et je ne me suis jamais senti à l'aise dans ma peau. J'évite de fréquenter les gens parce que je regrette toujours la façon dont j'interagis avec eux.

Toutefois, comme nous vivons dans un monde peuplé de gens, il est presque impossible d'éviter d'interagir avec les autres. Plus important encore, il ne faut pas l'éviter parce qu'il vous aide à apprendre à vous connaître et à connaître les autres au fil du temps. Il est essentiel de parler et de communiquer vos pensées et vos opinions aux personnes qui vous entourent afin qu'elles vous entendent, vous voient et vous comprennent !

Moi, Claire, j'ai eu du mal à exprimer mon opinion depuis mon plus jeune âge. Appartenant à une famille plutôt traditionnelle, j'ai été la plus silencieuse des enfants. Nous sommes trois frères et sœurs, dont je suis l'enfant du milieu. Ma sœur aînée, Eve, est l'enfant préférée de la famille. La plus jeune, Abby, est l'enfant la plus confiante et la préférée également.

Étant l'enfant timide et introverti de la famille, j'ai toujours eu des difficultés à exprimer ce dont j'avais besoin, ce que je voulais ou même ce que je pensais.

Mes parents adorent tous leurs enfants, mais comme je n'étais pas aussi expressif, j'ai dû faire face à des préjugés, même pour les choses les plus légères ou les plus insignifiantes.

Comme je l'ai dit, mes parents ont leur enfant préféré. Mais vous savez quoi ? Je n'ai jamais été leur enfant préféré. Je n'y ai jamais prêté attention et je suis restée indifférente jusqu'à un certain point, mais quelque part dans mon subconscient, j'ai été affectée par le favoritisme qui régnait dans ma famille. Je savais que je devais utiliser ma voix et dire ce que je pensais, mais je ne savais pas vraiment comment.

Comme j'étais un enfant simple et sans complications depuis mon plus jeune âge, personne ne s'intéressait particulièrement à moi. Je n'ai jamais causé de problèmes ni dérangé mes parents. J'ai toujours aidé mes frères et sœurs et il m'arrivait parfois de faire les frais de leurs méfaits.

J'étais l'un des enfants les plus lucides de mon école et je réussissais toujours bien. Cependant, j'étais un peu victime de brimades. Les autres enfants me traitaient d'intello, se moquaient de mes vêtements sobres et de mes études. Cependant, je n'ai jamais fait attention aux critiques et j'ai continué à faire ce que j'avais à faire.

Mais je pense qu'en restant silencieux et en ignorant tout, je me suis fait passer pour un lâche, même si je savais que je n'en étais pas un. Mon cerveau fonctionnait simplement d'une manière qui me demandait d'éviter toute situation troublante ou d'ignorer tout ce qui m'affectait sur le plan émotionnel.

C'était un lundi matin radieux. Ce jour-là, j'avais une interrogation de sciences pour laquelle j'avais bien étudié. Je croyais en mes capacités et j'étais sûr de connaître les réponses à toutes les questions que le professeur pouvait nous poser.

Il était 8 heures et je suis entré dans la salle de classe, prêt pour l'interrogation. Tout le monde s'est installé à son bureau dès que la cloche a sonné. Mme Reid, notre professeur de sciences, est entrée dans la classe et a rangé son bureau.

Prenant un morceau de craie sur le bureau, Mme Reid a écrit le mot *INTERROGATION* au tableau en lettres capitales. Tous les élèves savaient qu'il était temps de commencer. Je me sentais très à l'aise, sachant que j'avais bien préparé l'interrogation.

Mme Reid a dit : « Commençons ».

Elle a posé la première question : « Quel est l'élément constitutif du corps humain ? »

Après avoir entendu cette question, de nombreux élèves ont levé la main pour répondre. J'ai également levé la main, espérant que Mme Reid me remarquerait, mais à mon grand désarroi, un autre élève a répondu correctement à la question.

Tout le monde était maintenant prêt pour la deuxième question.

Mme Reid a demandé : « Combien y a-t-il de cavités dans le cœur humain ? »

Je le savais ! Je connaissais la réponse à cette question, mais je n'ai pas levé la main cette fois-ci. Je ne savais pas si je devais répondre à la question ou rester assise silencieuse dans la salle de classe en espérant que personne ne me remarquerait.

De nombreuses questions ont été posées l'une après l'autre, et le quiz était sur le point de se terminer. Je me suis assis dans un coin en essayant de disparaître, car j'avais perdu toute confiance en moi. Je me suis assise dans un coin, essayant de me faire oublier, car je n'avais plus confiance en moi. Le problème n'était pas que je ne connaissais pas la réponse, mais plutôt qu'il s'agissait de parler devant un public.

Oui... parler en public ! J'en avais peur, même si j'étais sûr de mes recherches et de mes connaissances. En fin de compte, mes connaissances et mes recherches n'ont servi à rien ; je suis restée assise en silence, doutant de mes capacités dans la salle de classe.

Aussitôt, l'interrogation s'est terminée et la cloche a sonné. Nous avons tous quitté la salle de classe et Mme Reid était seule en train de rassembler ses affaires sur son bureau.

En sortant de la classe, je n'arrêtais pas de regretter ce que j'avais fait. J'aurais aimé répondre à au moins une des nombreuses questions et faire mes preuves.

Tout le monde est parti de son côté, et je suis sortie du couloir pour aller m'asseoir dans le jardin. Je me suis assise sur un banc dans le coin le plus éloigné du jardin. Pendant que j'étais assis, je pouvais voir des enfants jouer au basket-ball. C'était l'un de mes sports préférés et j'adorais y jouer. Je faisais partie de l'équipe de basket des filles à l'école. J'étais en bonne forme physique. J'étais assez grande pour marquer un panier et je le faisais souvent lorsque je jouais seule sur le terrain de basket.

Le même jour, dans l'après-midi, notre équipe jouait un match de basket avec une autre école. Je m'y étais préparé. Mon excitation augmentait au fur et à mesure que l'horloge tournait. Cependant, je savais que mon entraîneur ne m'aimait pas beaucoup - et je savais pourquoi.

Ce n'était pas à cause de mon manque de talent, mais il avait une favorite dans l'équipe, sa nièce, Bethany. Bethany était la capitaine de l'équipe et l'entraîneur, Shane, m'a remplacé au poste de tireur à trois points par Bethany. Tout le monde savait que Bethany n'était pas aussi douée que moi, mais personne n'en parlait, pas même moi. Après l'incident, j'ai voulu confronter l'entraîneur, mais je n'ai pas eu le courage de le faire.

J'ai été déçue de ne pas avoir exprimé mon opinion ; j'ai souffert en silence. J'avais peur d'être rejetée et incomprise.

L'horloge indiquait alors 12 heures et tout le monde était réuni sur le terrain de basket, vêtu d'un maillot rouge et d'un short, prêt pour le match.

Shane, notre entraîneur, a fait son entrée et nous a expliqué le déroulement du match. Je savais qu'il me ferait la même chose aujourd'hui, ce qu'il faisait à chaque fois. Il m'a demandé de passer la balle à Bethany pour un tir à trois points. Mais aujourd'hui, j'avais décidé de prendre la parole.

Le jeu a commencé et tout le monde a joué avec habileté. Il s'est poursuivi pendant une bonne trentaine de minutes quand le moment est arrivé. Le tir à trois points !

À ce moment-là, mon entraîneur a commencé à crier de passer la balle à Bethany depuis le coin. Je me suis arrêté quelques secondes, réfléchissant à la possibilité de tirer moi-même ou de passer le ballon à Bethany.

Debout, le ballon à la main, j'ai jeté un coup d'œil à Bethany pendant une seconde, puis à mon entraîneur. Je voulais tirer moi-même, mais mon subconscient m'a encore trahi.

En entendant mon coach crier dans le coin, je me suis sentie impuissante et j'ai passé le ballon à Bethany. Notre équipe a gagné le match, et toutes les éloges ont été faites à Bethany.

Ayant une piètre opinion de moi-même, j'ai quitté le terrain de basket et je suis allé me changer dans les vestiaires. Je suis resté devant le miroir de la salle de bains, en me regardant et en essayant de comprendre ce qui n'allait pas chez moi. Je me suis regardé sans expression dans le miroir. Je savais au fond de moi que j'avais tant de choses à dire, mais j'avais peur de m'exprimer et de passer pour un idiot devant mes coéquipiers.

Ignorant encore une fois tout, je me suis changée et j'ai quitté la salle de bain. En tournant à gauche, en sortant de la salle de bain, j'ai aperçu une de mes camarades de classe qui se tenait au milieu d'une bande de brutes de l'école. En regardant les visages de ces filles, j'ai immédiatement reconnu qu'il s'agissait des fameuses brutes de notre école.

Je pouvais voir qu'il se passait quelque chose d'anormal. Mon amie était stressée, et cela se voyait clairement sur son visage.

L'espace d'un instant, j'ai pensé à l'aider. Après avoir fait quelques pas vers eux, je suis restée figée, incapable de bouger. Ces brutes malveillantes se moquaient des vêtements et des cheveux de mon amie.

Face à cette situation pénible, j'ai perdu toute confiance en moi. Je me suis éloignée, essayant d'ignorer ce qui se passait devant moi.

En passant devant les brutes, j'évitais le contact visuel avec mes camarades de classe parce que j'avais agi comme une lâche. Je savais que je n'aurais pas dû faire cela et que j'aurais dû la défendre, sachant que nous aurions pu nous battre contre les brutes et leur faire goûter à leur propre médicament. Pourtant, j'ai choisi de m'éloigner de la situation. Je suis entrée dans ma salle de classe et je me suis assise seule, essayant de comprendre ce que je venais de faire.

La cloche de la session suivante a sonné et la classe s'est rapidement remplie d'élèves. Comme j'étais entourée de gens, j'ai pu me distraire de mes pensées intrusives. C'était le dernier cours de la journée. Mon professeur d'anglais est arrivé et a dirigé le cours.

Pendant le cours, j'étais préoccupé par mes pensées. Physiquement, j'étais présente, mais mentalement, j'étais toujours dans le couloir de mon école, toujours prise dans le moment où les brutes avaient entouré ma camarade de classe.

J'aurais dû la défendre et leur demander d'arrêter. Elle ne se serait pas retrouvée dans une telle situation si j'étais intervenu. Mais rien de tout cela ne s'est produit. Ce que j'ai fait, c'est m'éloigner, m'abstenir de tout contact visuel et faire de mon mieux pour tout ignorer et disparaître.

Je me sentais coupable... extrêmement coupable !

Peu après la fin du cours, j'ai quitté la classe et je suis partie à la recherche de mon bus. Dès que je l'ai repéré, je suis montée et je me suis assise à ma place habituelle.

Pendant tout le trajet jusqu'à chez moi, je n'ai cessé de penser à ce qui s'était passé ce jour-là. Je n'arrivais pas à me l'enlever de la tête. J'essayais de trouver des réponses à mon manque de confiance en moi pour défendre mon ami.

En m'analysant, j'ai rapidement trouvé la réponse. Je suppose qu'elle était dans mon subconscient et qu'elle attendait que je la reconnaisse.

J'ai compris quelle était la réponse... Je savais que c'était à cause des médias sociaux.

Les médias sociaux aident les gens de bien des manières, mais pour moi, ils ont retourné la situation contre moi. Ils m'ont fait perdre confiance en moi.

À une époque, j'étais accro aux médias sociaux. En voyant les gens de mon âge exceller dans leur vie, s'épanouir, gagner des concours, partir en vacances et vivre la vie dont j'avais toujours rêvé, je me sentais moins digne de moi-même. Je me suis aperçue que ma vie était terne, inintéressante et monotone. Je me suis forcée à penser que la vie que je menais était tout simplement ennuyeuse.

J'ai oublié de voir les aspects positifs de ma vie. Je n'ai pas compris qu'une grande partie des médias sociaux était factice et qu'elle était basée sur le nombre de « J'aime » et de « J'aime ». Nous choisissons de montrer au monde des bribes de notre vie lorsque nous sommes beaux et que nous faisons quelque chose d'amusant ou de cool. Ce n'est pas une représentation de notre vie entière. Les gens montrent quelques photos de leur relation parfaite et mignonne, ou d'un voyage à Hawaï, mais ce ne sont que quelques photos. Ce n'est pas toute leur vie.

En outre, je n'ai pas réussi à me comprendre moi-même. N'analysant jamais les aspects positifs de ma vie et de ma personne, je ne me concentrais que sur les aspects négatifs, et cela n'a fait qu'empirer lorsque j'ai regardé les médias sociaux.

J'ai réalisé à quel point j'étais injuste envers moi-même et je me suis retrouvée coincée dans un endroit sombre, et trouver un moyen d'en sortir me semblait trop difficile.

Complètement perdue dans mes pensées et inconsciente de ce qui se passait autour d'elle, je n'ai pas réalisé que j'étais à un pâté de maisons de chez moi. En quelques secondes, j'ai atteint ma destination et je suis descendue du bus.

Je suis allée directement dans ma chambre, j'ai posé mon sac sur le coin de la table et je me suis glissée dans mon lit. J'étais très fatiguée. Je me sentais physiquement et mentalement épuisée par ma journée épuisante et j'avais juste envie de faire une sieste.

Je me suis endormie dès que ma tête a touché l'oreiller et j'ai oublié tout ce qui s'était passé ce jour-là. Je me suis réveillée au bout de deux heures, je me suis rafraîchie et j'ai fait les devoirs que mon professeur d'anglais m'avait demandés.

Peu après, j'ai regardé l'horloge et j'ai réalisé qu'il était déjà l'heure de dîner. J'ai mis mon devoir dans mon sac et j'ai descendu les escaliers où ma mère et mon père étaient en train de préparer le dîner. Ma mère mettait la table et me regardait avec un sourire chaleureux. Je lui ai rendu son sourire et je me suis installée sur la chaise de la salle à manger.

J'étais affamée. Ma mère déposa sur la table le plat de poulet grillé accompagné de pommes de terre au four, et tous les membres de ma famille s'installèrent pour dîner ensemble. Tout le monde a commencé à manger et j'étais de nouveau plongé dans mes pensées.

Je voulais profiter du dîner, mais mon cerveau se remémorait les activités de la journée et les gâchait. Le cycle se poursuivait et je me sentais pathétique. Je n'arrivais toujours pas à croire que j'avais agi de la sorte aujourd'hui. Mon esprit ne cessait de repenser à ce qui s'était passé tout au long de la journée, me poussant à me demander comment m'exprimer de manière saine.

En me rappelant le match de basket, je regrettais d'avoir passé le ballon à Bethany. Étant le plus athlétique et le plus en forme de ma famille, j'aurais pu tirer le ballon et marquer, et alors toutes les louanges auraient été pour moi, mais mon manque de courage et de confiance en moi n'a pas permis que cela se produise.

En m'apitoyant sur mon sort, j'ai continué à manger avec ma famille. Mais je n'arrivais pas à en profiter. Le poids dans mes tripes était trop lourd à porter.

Une fois le dîner terminé, j'ai aidé à nettoyer et je suis allée dans ma chambre. Il était 22 heures et je me sentais étourdie et épuisée par les événements de la journée. Voulant dormir tout de suite, je me suis d'abord brossé les dents, puis je me suis couché après avoir enfilé mon pyjama.

Je me suis réveillée le lendemain matin, je me suis préparée pour l'école et j'ai attendu l'arrivée de mon bus.

En marchant dans le couloir vers ma classe, j'ai remarqué qu'une de mes camarades de classe parlait avec les brutes de la veille. Elle s'appelait Emma. Elle illuminait le couloir peu éclairé de sa confiance et de sa force intérieure.

Chaque jour, je la remarquais, j'admirais sa confiance en soi et j'espérais lui ressembler un jour.

Je me suis arrêté dans le couloir pendant un moment, essayant d'écouter ce qu'elle disait aux brutes.

J'ai eu une idée de ce dont ils parlaient. Elle leur a reproché leur comportement pitoyable d'hier, ce qui m'a fait comprendre à quel point elle était courageuse.

Elle a défendu son amie et a menacé les brutes !

Après avoir assisté à ce moment dans le couloir, je suis allée dans ma classe et je me suis installée à mon bureau. C'était le cours de Mme Reid, et pendant que tout le monde attendait qu'elle le dirige, je suis restée assise à penser à Emma.

Elle m'a impressionné et m'a laissé pantois. À ce moment-là, j'ai voulu me lier d'amitié avec elle. Je voulais qu'elle m'apprenne à avoir confiance en moi.

J'ai assisté au cours de Mme Reid tout en réfléchissant à la manière de parler à Emma. J'espérais lui parler brièvement après le cours, mais j'étais à la fois excitée et nerveuse. Je me sentais mal à l'aise en y pensant, mais quelque chose en moi me poussait à aller vers elle.

Chapitre 2 : Rechercher la confiance

Peu après la fin du cours de Mme Reid, j'ai pris mon courage à deux mains pour aborder Emma. Sachant que ce n'était pas facile pour moi, j'ai beaucoup réfléchi avant de tenter le coup. Cependant, avant même de l'approcher, ma confiance en moi s'est effondrée et j'ai avorté la mission.

Elle m'intimidait. La personnalité et l'assurance qu'elle possédait étaient ce qui me manquait mais que je désirais. Au plus profond de mon cœur, je voulais lui ressembler. La façon dont elle faisait preuve de confiance, de bravoure, de sang-froid et d'assurance me captivait et m'incitait à m'inculquer les mêmes qualités.

Ce jour-là, je n'ai pas pu lui parler. En la voyant se tenir dans le hall après les cours, j'ai essayé de trouver le courage de lui parler, mais j'ai échoué lamentablement.

Il était déjà temps de rentrer chez moi. Rentrant à la maison dans un état dépressif, je suis allée directement dans ma chambre, en essayant d'éviter toute interaction avec ma famille.

Allongée dans mon lit, je n'arrêtais pas de penser à tout ce qui m'était arrivé aujourd'hui à l'école. Mon esprit était envahi de pensées qui refusaient de disparaître. La contemplation constante et les pensées préoccupantes enroulaient mon esprit, le faisaient tourner et tourner à l'intérieur et rendaient presque impossible de détourner mon attention vers quelque chose d'autre.

J'avais plusieurs pensées et idées qui résidaient dans mon cerveau. J'adorais la personnalité d'Emma et je voulais vraiment lui ressembler : être sûre d'elle, ne pas avoir peur de se défendre ou de défendre les autres. J'avais peur qu'elle me prenne pour une idiote et qu'elle rejette ma demande d'être mon mentor. J'avais beaucoup de doutes et d'inquiétudes à mon sujet.

Accroupi sur le lit et regardant inutilement le plafond, j'ai eu une révélation qui a vacillé dans mon esprit et m'a fait décider de ce qu'il fallait faire avant d'approcher Emma. J'ai décidé de faire mes propres recherches avant de lui parler.

À cet instant précis, j'ai sursauté d'excitation et je me suis redressé sur mon lit. Sortant mon téléphone de la poche de mon jean, je suis allée sur Google et j'ai tapé *« Comment trouver le bon mentor »*. J'ai appuyé sur le bouton de recherche, espérant trouver des résultats intéressants. Je croisais les doigts tandis que mon cœur battait la chamade. J'avançais.

À ma grande surprise, j'ai obtenu des réponses intéressantes à ma question. En passant les résultats au crible, j'ai clairement compris quelles étaient les caractéristiques et les qualités de base que je devais rechercher chez un mentor.

Un mentor doit être une personne plus âgée que vous. Un peu plus âgé que vous, un mentor peut vous apporter des idées et de la sagesse grâce à son expérience de la vie. Un mentor doit être un conseiller de confiance, fournir des conseils et avoir une forte perception de divers sujets, la capacité de s'engager dans des perspectives et des opinions différentes, et la capacité de les modeler en conséquence, si nécessaire.

La vie est un cycle d'apprentissage et de croissance constants. S'en tenir à ses propres convictions et ne pas se permettre d'évoluer et d'apprendre avec le temps ne correspond pas aux qualités d'un mentor.

J'ai appris qu'un mentor doit être digne de confiance, quelqu'un en qui vous pouvez avoir confiance et à qui vous pouvez vous confier. Un mentor doit avoir de l'expérience dans divers aspects de la vie.

Ils doivent être confiants et courageux, désireux de faire progresser les autres dans la vie, de surmonter leurs faiblesses et de se fixer des objectifs. En d'autres termes, ils doivent être des êtres humains qui soutiennent émotionnellement et des modèles à suivre.

Une petite recherche sur l'internet m'a permis d'acquérir de nombreuses connaissances sur mon problème et de le comprendre.

Par ailleurs, ma curiosité m'a poussé à approfondir le sujet. Au fur et à mesure que j'avançais dans mes recherches, j'ai cherché à savoir ce que signifiait être un mentor.

J'ai été surprise de constater à quel point un mentor pouvait être important dans la vie d'une personne, car il fournit des conseils et un soutien à la personne guidée. Fondamentalement, un mentor est un conseiller. Il partage ses connaissances sur la base de son expérience personnelle ou professionnelle.

Le mentor sert de modèle, fournit des encouragements, des commentaires constructifs et une perspective pour aider le mentoré à relever les défis de la vie et à prendre des décisions en connaissance de cause.

Vous pouvez discuter de sujets difficiles avec un mentor, tels que Dieu, l'univers, les rencontres, l'au-delà, le lycée, l'université ou votre carrière. Il ne vous donnera peut-être pas une réponse absolue, mais il vous encouragera et vous aidera. Il est plus important qu'ils écoutent bien et qu'ils vous soutiennent.

Il doit non seulement posséder les bons outils, mais aussi utiliser ce qu'il enseigne dans sa propre vie. En réfléchissant à ses expériences passées, un mentor aide un mentoré à se maintenir dans la vie, en l'améliorant de toutes les manières possibles.

En fournissant un retour d'information aux mentorés sur leurs décisions de vie, leurs choix, leurs perspectives, leurs opinions et leurs processus de pensée, le mentor leur permet de devenir une meilleure version d'eux-mêmes.

En outre, les commentaires et l'assistance d'un mentor peuvent vous être d'une grande aide. Ils font une grande différence dans votre vie en vous apportant leur soutien et en vous aidant de toutes les manières possibles.

Un mentor peut être un enseignant, un modèle, un conseiller, un parrain, un défenseur ou un allié. En fonction du destinataire, un mentor peut être n'importe quelle personne à laquelle vous vous identifiez et que vous considérez comme un guide. En poursuivant mes recherches, j'ai appris qu'un mentor est celui qui vous fournit tous les outils nécessaires pour devenir une meilleure version de vous-même.

Une lueur d'espoir est apparue dans mon cœur après avoir lu ce qu'était un mentor. En me regardant de plus près, j'ai compris que j'avais vraiment besoin d'un mentor. J'étais certain que je pourrais améliorer ma personnalité si j'avais un mentor, alors j'ai attendu avec impatience d'en avoir un, et j'ai espéré qu'Emma serait celle qu'il me fallait.

Choisissez une Personne Qui Partage vos Valeurs

En me projetant dans l'avenir, je savais qu'il était essentiel de connaître les qualités propres que je devais rechercher chez mon mentor. Après des recherches approfondies, j'ai pris conscience de la nécessité de choisir un mentor qui partage les mêmes valeurs fondamentales que moi.

Le fait de partager les mêmes valeurs permet au mentor et à la personne guidée d'atteindre les mêmes objectifs et de comprendre le point de vue de l'autre, ce qui rend leurs opinions et leurs conseils plus compréhensibles. Le fait de pouvoir entrer en résonance avec eux pourrait vous faire découvrir de nouvelles perspectives et de nouveaux objectifs, ce qui vous amènerait à modifier votre vision de la vie en général.

Choisissez une Personne Qui a la Même Vision de la Réussite

Deuxièmement, il est impératif de chercher quelqu'un qui a la même définition de la réussite que vous. Un mentor doit être quelqu'un qui vous aide à vous connaître, à savoir ce qui est important pour vous dans votre vie, ce qui vous rend heureux et ce qui vous passionne. C'est une personne qui peut vous aider à faire ressortir le ‘ vrai ‘ vous, sans vous encombrer du bruit et des distractions de la vie.

Choisissez Quelqu'un qui a Les Mêmes Objectifs que Vous

Votre mentor et vous devez avoir d'excellentes compétences en matière de communication afin qu'il puisse comprendre vos objectifs à court et à long terme et travailler avec vous pour vous aider à les atteindre.

Choisissez Quelqu'un Qui Sait Comment Développer Des Relations

Par ailleurs, un mentor doit être sûr de lui et avoir le temps et la capacité de nouer et de construire de nouvelles relations professionnelles et/ou personnelles. Nouer de nouvelles relations vous aide à grandir et à penser au-delà de vos perceptions. Vous avez tendance à sortir des sentiers battus lorsque vous rencontrez des personnes ayant des processus de pensée, des opinions et des croyances différents. Enfin, cela vous permet de développer et d'élargir votre réseau en termes de progrès professionnel et personnel simultanément.

Choisissez Une Personne Désireuse d'Accepter Des Défis

Par ailleurs, un mentor doit avoir une approche stimulante. Vous lier les mains, rester en retrait et vous asseoir dans votre zone de confort ne vous mènera pas à l'épanouissement et au développement personnel. Un état d'esprit stimulant, prêt à accepter des situations difficiles et des adversités, tend à vous aider à grandir et à vous épanouir. Vous devriez rechercher cette qualité chez votre mentor afin d'être en mesure d'accueillir les défis de la vie et de ne pas résister à l'inconfort et de faire des choses en dehors de votre zone de confort, ce qui vous permettra de grandir.

Choisissez Quelqu'un d'Accessible

Enfin, lorsque vous êtes sûr qu'une personne possède toutes les qualités que votre mentor devrait avoir, approchez-la et rencontrez-la. Exprimez-vous et demandez-lui de devenir votre mentor. La personne qui vous convient ne refusera pas cette opportunité.

J'étais tellement absorbée par mes recherches que j'en ai oublié le dîner. J'ai posé mon téléphone, je me suis levé de mon lit et je me suis rafraîchi. Réalisant que je ne m'étais pas changée depuis mon retour de l'école, j'ai rapidement pris un pyjama neuf dans mon tiroir et je l'ai enfilé. J'ai descendu les escaliers jusqu'à la cuisine où ma mère faisait la vaisselle et m'a demandé : « Où étais-tu, chérie ? Nous t'attendions pour le dîner. »

« J'ai répondu que je m'étais assoupie pendant un moment ». Je ne lui ai pas dit la vraie raison de mon absence au dîner ; je n'ai réalisé l'heure qu'il était qu'une fois mes recherches terminées. Je ne voulais pas en parler à qui que ce soit à ce moment-là.

Je me suis apprêtée à manger un plat de poulet grillé et de la purée de pommes de terre et je me suis installée à la table pour manger dans le réconfort. Peu après, ma mère quitta la cuisine et je restai seul à manger, préoccupé par mes pensées.

Je n'arrêtais pas de penser à Emma. J'essayais de comprendre si elle était le bon mentor pour moi. En analysant ce que j'avais appris en ligne, j'étais sûr qu'elle serait la bonne personne pour me conseiller. Elle avait quelques années de plus que moi, elle avait donc plus d'expérience dans la vie que moi. Elle était dans la même école que moi, ce qui était un avantage. En l'observant de loin, je savais qu'elle était forte et courageuse et qu'elle accepterait tous les défis qui se présenteraient à elle. En outre, elle avait suffisamment confiance en elle pour nouer et construire de nouvelles relations avec les gens, alors que je ne me sentais pas du tout à la hauteur dans ce domaine. Elle semblait également courageuse et possédait une personnalité forte et affirmée.

J'ai terminé mon repas, j'ai lavé mon assiette et je suis allé dans ma chambre. Il était temps de dormir et je me sentais épuisé. Je me suis endormie dès que j'ai posé la tête sur l'oreiller.

Le lendemain matin, je me suis réveillée avec un nouvel état d'esprit. J'étais certaine que j'allais demander à Emma d'être mon mentor. J'avais une petite étincelle en moi, souhaitant que les choses changent pour moi. Je voulais me changer, changer ma façon de penser et de me comporter.

Immédiatement, je me suis levée du lit et je suis allée me changer. En quelques minutes, je me suis préparée pour l'école et je suis descendue là où ma mère m'attendait à la table du petit-déjeuner. J'étais pressée d'arriver à l'école.

« Pourquoi es-tu si pressée, Claire ? Viens ici, assieds-toi et prends d'abord ton petit-déjeuner », me dit-elle.

J'ai ralenti et je me suis tournée vers la table à manger. Je me suis assise et j'ai avalé mon petit déjeuner aussi vite que possible. Je sentais un picotement de nervosité dans mes mains et dans mon esprit, car c'était aujourd'hui que j'allais demander directement à Emma.

« Merci, maman. Je t'aime ! Au revoir ! » Je lui ai dit et je suis sortie par la porte d'entrée.

Ma mère m'a répondu : « Je t'aime aussi, chérie ».

Mon bus est arrivé dès que j'ai atteint l'arrêt. Je suis montée dans le bus et j'ai pris la place de devant.

Sur le chemin de l'école, je n'arrêtais pas de penser à la façon dont j'allais poser à Emma la question que j'avais hâte de lui poser.

Je me disais que, quoi qu'il arrive aujourd'hui, je devais l'aborder. J'ai fait de mon mieux pour me motiver.

Au bout d'un quart d'heure, le bus nous a déposés à l'école. J'ai descendu les escaliers du bus et je suis allée directement dans le couloir pour chercher Emma. Il n'était que 7h30 et les cours ne commençaient qu'à 8h.

Au loin dans le couloir, je l'ai aperçue. Elle se tenait droite et forte dans sa grandeur et éclipsait tout le monde autour d'elle. J'ai gardé mon sang-froid et j'ai commencé à marcher vers elle.

Marcher dans le couloir me parut si difficile qu'il me fallut dix minutes pour le traverser. Mes jambes étaient faibles et vacillantes, et je sentais mon cœur battre dans ma poitrine.

J'étais extrêmement nerveuse et j'avais l'impression d'être sur le point de m'effondrer. J'avais peur qu'elle ne soit pas d'accord et qu'elle se moque de moi. Et si elle pensait que j'étais un abruti stupide ?

Toutes ces questions et pensées se bousculaient dans mon esprit alors que je me dirigeais vers Emma, mais je réussis à me calmer et à traverser le couloir.

Elle se tenait face à son casier, occupée à ranger ses livres. J'ai attendu qu'elle se retourne. L'instant d'après, elle fermait son casier et le verrouillait.

Lorsqu'elle s'est retournée. Je l'ai accueillie avec un sourire. « Bonjour, Emma. Je suis Claire. Comment allez-vous ? »

Pendant une seconde, elle a eu l'air confuse, mais elle m'a répondu de la manière la plus gentille qui soit.

« Hey, Claire. Je vais bien. Je vous remercie. Comment allez-vous ? »

Alors que la séance de brise-glace commençait, j'ai ressenti un soulagement s'accumuler en moi. Je n'étais plus aussi nerveuse qu'avant.

« Je vais bien, Emma. »

« Si tu n'es pas occupée à faire quelque chose d'important, je peux te parler un moment ? » Je lui ai demandé, en espérant une réponse positive.

« Oui, bien sûr. C'est à propos des cours ? » Me demanda-t-elle.

Son ton et son langage corporel m'ont fait me calmer instantanément. Elle était gentille et accueillante, et je me suis sentie à l'aise et en confiance.

« Oui... en quelque sorte. Je veux tout te raconter en détail. Si ça ne te dérange pas... » J'ai dit en hésitant.

« Oh, oui, bien sûr ! Nous pouvons nous asseoir dehors et parler de tout ce que tu veux », a-t-elle dit d'un ton rassurant.

J'ai été surprise par la chaleur et l'inquiétude qu'elle avait dans la voix. C'était rafraîchissant pour moi de voir à quel point elle était empathique et pleine de bonté.

Emma et moi sommes allées directement dans la cour et nous nous sommes assises à la petite table près d'un des arbres.

J'ai pris mon courage à deux mains et je lui ai tout dit sur moi. Je lui ai dit que j'avais du mal à avoir confiance en moi et que je manquais d'assurance. En outre, j'ai partagé tout ce qui me posait problème à l'école et à la maison.

Elle était toute ouïe et m'a écouté avec la plus grande attention.

Une fois que j'ai eu fini de parler, il était temps de poser la question principale.

« Veux-tu devenir mon mentor ? » Je lui ai demandé, avec une nuance de nervosité dans mon ton. « J'admire vraiment ta personnalité et je souhaite te ressembler. J'aime ton assurance et ta force, la façon dont tu exprimes ton opinion et dont tu défends les autres, et l'assurance avec laquelle tu marches dans le couloir et dans la salle de classe. Je veux être comme toi ! » J'ai exprimé ce que j'avais en tête, et j'ai attendu impatiemment sa réponse.

Emma m'a regardé avec une subtile expression de surprise sur le visage. Elle a souri timidement et a dit : « Merci beaucoup pour ton appréciation, Claire. Je suis reconnaissante que tu aies une si haute opinion de moi. »

Elle s'est arrêtée une seconde, et j'ai cru qu'elle allait décliner ma demande. Mon cœur battait la chamade et mes mains étaient moites.

Elle a continué : « Oui, bien sûr ! J'adorerais être ton mentor. »

J'étais ravie et soulagée !

» Je t'aiderai au mieux à te conseiller et à te guider. Tu peux me poser des questions sur tout ce que tu veux », a-t-elle ajouté. Emma a attrapé ma main et m'a serré doucement.

J'étais si heureuse. Une étincelle a surgi dans mon cœur, me faisant croire que je pouvais m'améliorer maintenant. J'espérais que je retrouverais ma confiance en moi.

Il était presque 8 heures du matin, et c'était l'heure de notre cours. Notre réunion s'est terminée sur une bonne note, et nous sommes allés en classe ensemble, en faisant la causette sur le chemin.

Chapitre 3 : Purification des Médias Sociaux - Arroser la Graine de la Beauté Intérieure

Emma et moi avons traversé le couloir et atteint notre salle de classe. Nous sommes allées à nos pupitres et nous nous sommes installées, car il était temps que notre professeur arrive rapidement.

Alors que tout le monde attendait Mme Reid, j'étais assise et je me sentais soulagée.

« Oh mon Dieu, on dirait qu'on m'a enlevé un énorme fardeau de la poitrine ! » Je me suis murmuré à moi-même et j'ai laissé échapper un soupir.

J'avais l'impression d'avoir trouvé un confident, un ami que je n'avais jamais eu auparavant. Quelqu'un à qui je pouvais me confier et avec qui je pouvais partager mes pensées, mes insécurités et mes vulnérabilités.

Quelque chose a changé au moment où je suis entrée dans la salle de classe avec Emma. Je me suis sentie un peu plus confiante qu'avant. J'avais un peu plus d'assurance parce que j'avais maintenant un ami, un mentor et un confident, quelqu'un de mon côté.

L'espoir de me libérer de mes pensées intrusives a commencé. Je commençais à me faire confiance et à me sentir autonome.

Peu après, Mme Reid est entrée dans la salle de classe pour donner le cours de la journée. J'étais physiquement présente dans la salle de classe, mais mentalement, j'étais à des millions de kilomètres.

En un clin d'œil, la classe a été levée. Tout le monde a ramassé son sac et ses livres et a quitté la classe immédiatement, tandis que j'étais assise là, à contempler et à regarder tout le monde partir devant moi.

Une voix derrière moi a attiré mon attention.

» Hey... qu'est-ce qu'il y a ? Tu vas bien ? »

Elle était là... mon mentor. Me suis-je dit.

Emma s'est approchée de mon bureau et s'est assise en face de moi. Elle a bien senti que quelque chose ne tournait pas rond chez moi.

Je lui ai répondu : « Oui, je vais bien. »

Elle m'a dit : « Mais tu n'as pas l'air d'aller bien. »

Je l'ai regardée en silence, décidant si je devais lui dire mes vulnérabilités et mes insécurités ou non.

La seconde suivante, elle a dit : « Tu peux me dire si quelque chose ne va pas. »

Faisant une pause de quelques secondes entre les deux, elle a continué à dire en plaisantant : « Après tout, je suis ton mentor. »

En disant cela, elle a gloussé et j'ai ri avec elle.

Le doute et le manque de confiance en moi m'ont fait réfléchir à ma décision pendant un bref moment. Je me demandais si je devais lui dire ce qui me tracassait ou donner un peu de temps à notre lien nouvellement construit pour grandir et se renforcer un peu plus.

Alors que j'étais préoccupé par mes pensées, Emma est restée patiemment assise, examinant mon visage et essayant de comprendre ce qui se passait dans mon esprit.

Je serrais les poings à cause d'une extrême nervosité, tandis que des signes de confusion et de vulnérabilité étaient évidents sur mon visage. Je mourais de honte et de doute. Je voulais m'enfuir loin et me cacher de tout le monde.

Emma a claqué des doigts devant moi avec un sourire doux et rassurant. J'ai instantanément voyagé vers mon moi conscient après avoir été perdue dans mes pensées.

« Tu veux en parler, de ce à quoi tu penses ? » demandz-t-elle.

Finalement, j'ai pris mon courage à deux mains et j'ai répondu timidement : « Oui... Je veux en parler, mais je ne sais pas si je dois te dire tout de suite mes insécurités. »

Emma, sûre d'elle, m'a répondu : « Ce n'est pas grave. On peut en parler quand tu veux ».

« Tu ne dois pas assister à ton entraînement de basket aujourd'hui ? » Elle a ajouté : « Tu ne dois pas aller à ton entraînement de basket aujourd'hui ?

J'avais complètement oublié que j'avais un entraînement de basket aujourd'hui.

« Oh, oui ! J'avais oublié. Merci de me le rappeler. » Ai-je dit en me levant précipitamment de mon bureau et en commençant à rassembler mes affaires.

« Tu veux te joindre à moi ? » demandai-je à Emma.

« Oui, bien sûr ! » Elle a répondu.

Nous sommes toutes les deux sorties de la salle de classe et nous nous sommes dirigées vers la cour.

Quel sentiment surréaliste c'était de marcher avec ma nouvelle amie dans le couloir. Je n'avais jamais eu de vrais amis, et maintenant je me sentais différente.

Alors que je marchais avec Emma vers le terrain, je lui ai dit : « Il faut que je te dise quelque chose d'important qui me tracasse depuis longtemps et qui a brisé ma confiance en moi. Cela t'intéresserait-il de m'écouter ? »

Emma a répondu immédiatement : « Je vais t'écouter, Claire. Tu es mon amie, et je serai toute ouïe chaque fois que tu voudras me parler. »

Nous sommes arrivées sur le terrain de basket, et je suis immédiatement allée dans les vestiaires. Emma est allée dans les gradins pour me regarder m'entraîner.

Au bout de quarante-cinq minutes, mon entraînement s'est terminé et j'ai rejoint Emma dans les gradins.

» Wow, tu es une si bonne joueuse », remarqua-t-elle.

J'étais sur un nuage après avoir entendu des paroles aussi inspirantes de la part de quelqu'un que je considérais comme mon amie et mon mentor.

« Merci », ai-je répondu.

Emma m'a attendu pendant que je me changeais. Il était temps de rentrer à la maison maintenant, alors nous avons marché ensemble jusqu'à nos bus désignés pour rentrer chez nous.

J'étais épuisée par la séance d'entraînement, alors je me suis assoupie dès que je suis arrivée à la maison. Après m'être réveillée de ma sieste, je me suis sentie fraîche et énergique.

Quelque chose m'a semblé différent ce jour-là. J'étais de meilleure humeur. Je suis allée chercher quelque chose à manger dans la cuisine. J'ai mangé et je me suis assise avec ma famille pendant un moment. Tout le monde regardait une nouvelle émission de télévision qui ne m'intéressait pas. J'étais perdue dans mes pensées concernant les événements survenus plus tôt dans la journée.

Au bout d'une heure, je suis retourné dans ma chambre. Je me suis allongée sur mon lit et j'ai envisagé de parler à Emma de ce que je ressens à chaque fois que je vais sur les médias sociaux.

J'étais certaine que quelque chose n'allait pas chez moi et que mon comportement n'était pas normal.

J'allais discuter de mes préoccupations avec Emma demain et j'attendais avec impatience sa réponse.

C'était une journée lumineuse et ensoleillée, et j'attendais notre discussion avec un sentiment d'excitation. J'ai attendu Emma dans le couloir.

Elle s'avançait vers le bâtiment et je l'ai repérée de loin.

Nous nous sommes saluées chaleureusement et nous nous sommes rendues à notre premier cours de la journée. Après avoir assisté au cours, nous sommes allées à la cafétéria et nous nous sommes assises à une table dans un coin.

« Je veux te parler de quelque chose d'important qui me tracasse depuis longtemps », ai-je dit.

Emma me regardait attentivement.

« Je me sens inférieure chaque fois que je regarde quelqu'un sur les médias sociaux... laisse-moi te montrer un post », ai-je ajouté en hésitant.

J'ai montré à Emma un message Facebook d'une de nos camarades de classe. Elle a posté une photo d'elle et de son cavalier, prêts pour le bal de fin d'année. Elle portait une tenue super mignonne et affichait sa nouvelle coupe de cheveux. Elle était magnifique, et son cavalier était le quaterback de l'équipe de football.

Je me suis sentie si mal dans ma peau quand je l'ai vue. Je voulais être jolie comme elle l'était dans cette nouvelle tenue mignonne.

« J'ai l'impression qu'il faut que je perde du poids, que j'adopte une nouvelle coiffure et que je trouve un cavalier pour le bal de fin d'année. Je suis tellement banale. »

Je me suis arrêtée après lui avoir expliqué tout ce que je ressentais.

Emma m'a écouté attentivement et n'a rien dit pendant une minute. Je pense qu'elle réfléchissait à ce qu'il fallait dire au sujet de mes sentiments et à la façon de réagir.

« C'est normal de ressentir cela, mais ta valeur personnelle ne devrait pas être basée sur une coiffure ou une tenue », a-t-elle dit.

J'ai été étonnée d'entendre sa réponse. Je m'attendais peut-être à autre chose. J'avais peur qu'elle me juge, mais à ma grande surprise, elle a eu une réponse très positive.

« Crois-moi, toutes ces choses n'ont pas tellement d'importance. Tu es tellement plus que ce dont tu as l'air à l'extérieur. Ta véritable beauté se trouve en dessous. C'est là que tu trouveras ta vraie beauté, et ce n'est pas à négocier. » dit Emma.

Nous avons eu une conversation approfondie sur le sujet. La façon dont elle m'a tout expliqué a commencé à avoir beaucoup de sens.

Elle m'a fait comprendre que je ne devrais pas être gênée par l'apparence des autres ou de moi-même. Le fait qu'une personne soit mignonne ou à la mode n'a rien à voir avec sa valeur.

Les adolescents se laissent souvent intimider par des choses stupides. Ils ont tendance à mettre une pression excessive sur des choses insignifiantes qui n'ont pas beaucoup d'importance dans la vie.

Nous analysons souvent notre valeur en fonction de notre extérieur, mais nous devrions nous concentrer et travailler davantage sur notre intérieur, nos capacités uniques et notre potentiel.

J'ai repensé à tout cela après qu'Emma a cessé de parler. Je crois qu'elle avait raison.

J'avais fait la même chose avec moi-même. Chaque fois que j'allais sur les médias sociaux, je me sentais petite et négligeable. J'étais attirée par toutes les choses insignifiantes et mesquines, mais j'ai réalisé que j'étais injuste envers moi-même.

Emma m'a tout expliqué. J'ai été impressionnée par sa perspicacité et son intelligence.

J'ai été étonné par la façon dont elle connaissait sa valeur ; contrairement à elle, j'étais complètement inconscient de la mienne.

Je lui ai demandé : « Comment dois-je prendre conscience de ma valeur personnelle ? »

« Regarde au-delà des choses matérielles et analyse ton moi intérieur. Tu es tellement plus que ton visage et ton corps. Lorsque tu concentres ton énergie à servir et à donner de toi-même aux autres, plutôt que de te préoccuper de ton apparence, c'est là que réside ta véritable beauté. » dit Emma.

Je l'ai écoutée attentivement.

Elle m'a fait comprendre que nous devrions nous focaliser sur notre moi intérieur plutôt que sur notre apparence extérieure. Nous devrions nous concentrer sur notre gentillesse, notre compassion, notre empathie et notre affection. Nous devrions nous concentrer sur nos valeurs, notre intégrité, notre gentillesse et notre honnêteté.

Emma a validé mes sentiments et m'a dit qu'il était normal de se comparer aux autres, surtout aux adolescents. Ta vraie beauté est un travail intérieur, un développement personnel de l'intérieur vers l'extérieur.

Les adolescents pensent que s'ils ont une nouvelle coiffure, s'ils se maquillent bien ou si leur petit ami est un quarterback, ils se sentiront mieux. En fait, c'est l'inverse qui se produit, c'est-à-dire que tu dois travailler sur toi-même : sois ton propre meilleur ami, sois gentil avec toi-même, concentre-toi sur les autres et aide les autres, plutôt que de t'inquiéter de toi-même et de ce que les autres pensent de toi. La vérité, c'est que la plupart des gens s'inquiètent de ce que les autres pensent d'eux. La meilleure chose à faire est donc d'être authentique et de ne pas s'inquiéter de ce que les autres pensent de toi.

Ta « vraie » beauté vient de ce que tu as construit et créé à l'intérieur, pas de ta coiffure, de la marque de tes chaussures ou du type de jean que tu portes.

« Mais comment puis-je travailler sur mon estime de soi ? Je n'arrive pas à le faire », ai-je demandé à Emma.

« Ce n'est pas impossible. Tu dois juste te concentrer sur ton ambition, sur ce que tu sais faire, sur ce qui te rend heureux, et élaborer un plan pour atteindre ton objectif. »

« Je ne sais pas comment faire », ai-je dit.

« Ce n'est pas grave. Laisse-moi te guider. »

» Je te conseille de restreindre ton utilisation des médias sociaux pendant un certain temps, car tu as analysé que cela te fait douter de ta valeur personnelle. Accorde-toi une pause et fais un nettoyage des médias sociaux. » Emma parlait calmement.

Elle m'a expliqué comment je pouvais le faire.

Elle m'a convaincue d'arrêter d'utiliser les médias sociaux pendant un certain temps et de me concentrer sur mon amélioration.

J'ai compris et j'ai su ce que je devais faire. J'ai décidé de changer les choses pour moi. J'ai décidé de m'efforcer d'être une bonne personne.

J'ai décidé de travailler sur mon développement interne, mes progrès et mon développement personnel. La confiance en soi et l'estime de soi étaient mes nouvelles devises. Je voulais me concentrer sur ma beauté intérieure plutôt que sur mon apparence extérieure. Je savais que je voulais m'épanouir.

J'ai compris ma valeur personnelle et j'ai décidé d'arrêter d'utiliser toutes les plateformes de médias sociaux jusqu'à ce que je travaille à m'améliorer et à progresser. Emma m'a aidée à réaliser ce qui me manquait et ce qui me faisait me sentir ainsi.

La meilleure chose que j'ai faite depuis longtemps a été de rassembler suffisamment de confiance en moi pour approcher Emma et lui demander d'être mon mentor, et non seulement cela, mais j'ai aussi trouvé une amie en elle. Elle m'a aidée à me concentrer sur ce qui compte vraiment, à savoir la croissance interne et l'épanouissement personnel.

Heureusement, j'avais décidé de travailler sur mon développement personnel et je m'en réjouissais.

Chapitre 4 : Voyage Vers La Conscience de Soi

Emma m'a conseillé d'y aller doucement.

Après m'avoir appris à analyser ma valeur personnelle, elle m'a parlé de la conscience de soi. Au début, je n'avais aucune idée de son importance, mais elle m'a assuré qu'à la fin de cette leçon, j'en saurais beaucoup sur le sujet.

J'étais prête à apprendre à prendre conscience de moi-même et à mieux me comprendre. Sachant que mon estime de soi et ma conscience de soi pouvaient être corrélées et qu'elles seraient tout aussi importantes pour améliorer ma personnalité, j'attendais la leçon avec enthousiasme.

Le lendemain, après les cours, Emma et moi nous sommes retrouvées dans la cour. Elle était aussi enthousiaste que moi à l'idée de m'enseigner la conscience de soi. Nous étions devenues de grandes amies et elle voulait ce qu'il y avait de mieux pour moi, c'est pourquoi elle a fait tous les efforts possibles pour m'aider à prendre confiance en moi et à sortir de ma coquille.

Elle a commencé par me donner la définition de base de la conscience de soi. Elle m'a expliqué que la conscience de soi est la capacité de reconnaître et de comprendre nos pensées, nos émotions et nos comportements, ainsi que leur impact sur nous-mêmes, sur les autres et sur le milieu environnant. Elle suppose d'être conscient de ses forces, de ses faiblesses, de ses valeurs, de ses croyances et de ses motivations. Cela inclut également la capacité de réfléchir et d'évaluer nos propres actions et réactions dans différentes situations, ce qui permet de s'épanouir et de se développer personnellement.

Je lui ai demandé : « Pourquoi est-il important d'être conscient de soi ? »

Sa réponse m'a étonné. Elle a précisé que la conscience de soi peut mener à la connaissance de nos valeurs, ce qui permet de prendre de meilleures décisions, d'améliorer les relations et de mieux comprendre notre identité et nos objectifs.

De plus, elle a expliqué comment la conscience de soi peut nous aider à comprendre nos émotions et comment elles affectent nos pensées et notre comportement, ce qui nous permet de mieux réguler nos émotions et de faire preuve d'empathie à l'égard des autres.

Elle m'a dit que lorsque nous sommes conscients de nous-mêmes, nous pouvons identifier nos forces et nos faiblesses, ce qui nous permet de prendre des décisions qui correspondent à nos objectifs et à nos valeurs. La conscience de nos comportements et de nos réactions peut améliorer nos interactions avec les autres, ce qui conduit à des relations plus saines et plus significatives.

Elle nous permet également de reconnaître les points à améliorer dans notre vie et de travailler au développement et à l'épanouissement personnels.

Elle m'a aidé à comprendre l'importance de la conscience de soi en la décrivant comme un moyen d'accroître la confiance en soi. Elle nous aide à comprendre nos propres capacités et limites, ce qui peut conduire à une plus grande confiance en soi et à une meilleure affirmation de soi. Se connaître soi-même nous aide à identifier et à développer des stratégies pour gérer plus efficacement les déclencheurs de stress.

Les personnes conscientes d'elles-mêmes peuvent plus facilement s'adapter aux changements de leur environnement parce qu'elles comprennent leurs propres réactions et peuvent s'ajuster en conséquence. De plus, la conscience de soi nous permet de vivre en accord avec notre vrai moi, en faisant des choix qui reflètent nos valeurs et nos croyances.

À la fin de la leçon, elle explique : « Dans l'ensemble, la conscience de soi peut mener à une vie plus épanouissante et plus réussie en nous aidant à nous comprendre nous-mêmes et à mieux naviguer dans le monde. »

« J'espère que tu as compris l'essentiel de la leçon. Si tu as des questions, pose-les-moi tout de suite, sans aucune hésitation. »

J'ai pris un moment pour comprendre ce qu'elle m'a expliqué. Tout m'a semblé confus pendant un moment, mais ensuite cela a commencé à avoir un sens. Je lui ai dit : « J'ai essayé de trouver ce qui n'allait pas chez moi, mais je me sens coincée. Je veux changer et devenir une meilleure personne, plus confiante et plus consciente d'elle-même, mais je ne sais pas pourquoi cela me semble presque impossible. »

Emma m'a regardé attentivement, écoutant ce que je disais.

« J'essaie de réfléchir et de comprendre pourquoi je me comporte si maladroitement devant les gens et pourquoi je manque de confiance en moi, mais à chaque fois, je ne parviens pas à en reconnaître les causes. »

J'ai fait une pause et j'ai soupiré : « Parfois, j'ai envie d'éviter les interactions avec tout le monde ! Mais je suppose que ce n'est pas possible. »

Avec un sourire chaleureux, Emma a tapoté légèrement le dos de ma paume comme si elle me rassurait.

Elle m'a dit : « Ne t'inquiète pas. Ce n'est pas grave. Ne stresse pas trop ; cela prendra du temps, mais tu t'amélioreras. Je t'apprendrai à prendre conscience de toi-même et à devenir une meilleure version de toi-même. »

« Vraiment ? Est-ce que c'est possible pour moi d'y arriver ? »

« Oui, c'est tout à fait possible ! »

« Comment puis-je développer la conscience de soi ? » lui ai-je demandé.

« Eh bien, je dois dire que ce n'est pas tout à fait facile, et que cela ne vient pas de façon innée, mais laisse-moi t'assurer que ce n'est pas impossible non plus », a-t-elle répondu. Elle a ensuite continué à expliquer ce qu'il en était.

« Découvrons-le étape par étape », a poursuivi Emma.

Elle m'a dit que la première chose à faire est de réfléchir à nos expériences. Nous devons penser à ce que nous avons vécu dans le passé et à ce que nous avons ressenti. Réfléchissez-y et essayez de trouver la raison de vos sentiments et de vos expériences.

Deuxièmement, parler à nos amis de confiance et à notre famille et leur demander leur avis peut nous aider à déterminer les aspects de notre personnalité qui ont besoin d'être améliorés. Leur point de vue peut nous aider à acquérir une compréhension plus objective de nous-mêmes.

En outre, la pratique de la pleine conscience peut nous aider à déterminer nos pensées, nos actions et notre comportement émotionnel sans jugement. On peut y parvenir en pratiquant la méditation ou des exercices impliquant une respiration profonde. Elle peut t'aider à analyser ton état interne.

Le fait d'identifier nos valeurs et nos croyances peut nous aider à prendre davantage conscience de nous-mêmes. En fin de compte, nous pouvons aligner nos actions et nos comportements sur nos croyances et nos valeurs.

En outre, pour prendre conscience de soi, il est crucial de prêter attention à nos réactions. La façon dont nous réagissons à une certaine situation ou d'une certaine manière en dit long sur nos processus de pensée et nos croyances intériorisées. Une fois que nous commençons à réfléchir à nos réactions, cela peut nous aider à en déterminer les avantages et les inconvénients. En fin de compte, prendre conscience de soi nous permettra d'améliorer nos réactions si elles en ont besoin.

Par ailleurs, la conscience de soi nécessite d'être ouvert à de nouvelles idées et à de nouveaux défis, même s'ils remettent en question les nôtres. Elle nous permet de voir au-delà de nos perceptions et de nos idées et de percevoir le monde d'une nouvelle manière, ce qui élargit notre état d'esprit.

Au-delà de la prise de conscience de soi, il est essentiel de s'analyser et de déterminer nos buts et nos objectifs. Cela peut nous amener à progresser et à nous développer sur le plan personnel, pour finalement aboutir à une version plus raffinée et meilleure de nous-mêmes.

En dehors de cela, apprendre de nos relations avec les gens nous aide à prendre conscience de nous-mêmes, car cela reflète la façon dont les gens se comportent et agissent en notre présence. Cela améliore notre comportement en présence des gens et nous aide à établir de bonnes relations avec eux, améliorant ainsi nos interactions sociales et notre comportement.

Emma m'a incité à sortir des sentiers battus. Elle m'a donné une nouvelle perspective sur ma vie. Elle m'a acceptée là où j'étais, avec amour, acceptation et sans jugement. Elle a fait entendre la connaissance et la vérité dans ma vie et m'a appris que le changement est souvent inconfortable, mais nécessaire au développement personnel et à la croissance interne. Son amour, son acceptation et sa perspicacité m'ont aidée à vaincre la résistance au changement, et maintenant je l'accueille avec joie. Je lui ai promis : « Je ferai de mon mieux pour intégrer tous ces aspects en moi à partir d'aujourd'hui. J'espère que je réussirai dans cette nouvelle phase de ma vie. »

« Oui, je suis sûre que tu y arriveras », m'a assuré Emma.

Nous avons toutes les deux quitté la cour et sommes allées dans les bus qui nous avaient été désignés, car il était temps de rentrer à la maison.

Chapitre 5 : Renforcer la Confiance en Soi

Mes échanges avec Emma m'ont fait réfléchir à beaucoup de choses. Elle ne s'est pas contentée d'être mon amie et ma confidente, elle est devenue ma plus grande partisane. J'avais hâte de la rencontrer tous les jours. Mes journées à l'école étaient plus agréables, car elle était à mes côtés. Je ne me sentais plus seule.

Après notre conversation sur la connaissance de soi, j'y ai réfléchi autant que possible. Elle m'a fait comprendre ce qui me manquait et ce que je devais améliorer chez moi. Cette conversation m'a ouvert les yeux et j'avais hâte de discuter avec elle de nombreux autres aspects de ma vie. Nous avons eu d'excellentes discussions. Ses points de vue et ses opinions m'ont impressionné, et j'étais d'accord avec la quasi-totalité d'entre eux.

Après l'avoir rencontrée, j'ai réalisé que je voulais améliorer mon ancien moi et que j'avais une chance de devenir une meilleure version de moi-même. Nous avions beaucoup de choses à nous dire et j'attendais avec impatience de pouvoir aborder un nouveau sujet avec elle le lendemain matin. Elle m'avait déjà dit que nous allions parler de la confiance en soi.

Je ne voulais pas trop stresser et je voulais y aller doucement, alors je me suis détendu et je me suis endormi, laissant tout à discuter avec Emma pour le lendemain.

« Bonjour, Emma. Comment vas-tu ? »

« Je vais bien », ai-je acquiescé avec un sourire. « As-tu bien dormi la nuit dernière ? » m'a-t-elle demandé.

Nous nous sommes rencontrées avant les cours le lendemain et nous avions beaucoup de temps, alors nous nous sommes assises et nous avons parlé pendant un moment. Je suppose qu'Emma s'était préparée à la façon dont elle allait m'enseigner l'importance de la confiance en soi, le nouveau sujet que je voulais aborder.

« Il est donc important que tu saches ce qu'est la confiance en soi et comment elle nous affecte », dit Emma.

J'ai écouté attentivement ce qu'elle avait à dire.

Elle a continué : « La confiance en soi, c'est la croyance en nos capacités, en notre jugement et en notre valeur. C'est le courage de dire ce que tu veux et ce que tu penses au lieu de rester assis dans la honte. »

« Attends, laisse-moi te faciliter la tâche... c'est l'attitude à l'égard de tes capacités et de tes aptitudes. C'est la confiance que tu as en tout ce que tu peux faire. Personne ne viendra te sauver, alors tu dois te demander : 'Qu'est-ce que tu vas faire pour apporter les changements nécessaires pour que les choses se passent ?'»

Je me suis sentie intriguée par les propos d'Emma.

« Je comprends... mais comment pouvons-nous faire cela ? » ai-je demandé.

Elle m'a dit que la confiance en soi consiste à avoir confiance en notre capacité à relever des défis, à atteindre des objectifs et à prendre des décisions. Elle nous permet de nous sentir assurés de nos compétences et de nos connaissances, tout en reconnaissant nos limites et les points à améliorer. Elle inclut un sentiment d'assurance, de résilience et une image positive de soi et influence la façon dont nous abordons les gens et interagissons avec eux.

» Wow, c'est instructif », ai-je noté.

« Alors, plongeons dans le vif du sujet... » dit Emma avec enthousiasme.

Nous avons discuté du sujet et j'ai appris des choses intéressantes. J'ai compris pourquoi la confiance en soi est importante.

Elle améliore notre capacité à relever les défis et à améliorer nos performances générales dans la vie. Elle nous aide à améliorer notre communication et nos compétences interpersonnelles, ce qui nous permet de communiquer plus efficacement et avec plus d'assurance.

En outre, elle nous aide à prendre des décisions plus éclairées et renforce notre confiance dans la prise de décision. La confiance en soi nous aide à nous remettre des revers ou des défis pendant la prise de décision ou des résultats défavorables. Elle nous fait sortir de notre zone de confort et nous permet d'essayer de nouvelles choses, ce qui nous permet de faire un pas en avant dans les aventures de la vie.

Elle fait également baisser le stress et l'anxiété, tout en favorisant un état d'esprit positif, car nous envisageons avec confiance toute situation difficile. Elle nous permet de poursuivre et d'atteindre nos objectifs et nos buts. Il est certain que le fait d'avoir confiance en soi nous aide à obtenir ce que nous voulons. Par conséquent, elle augmente nos chances d'avoir une vie épanouie.

« J'espère que j'ai fait en sorte que ce soit facile pour toi de comprendre. Crois-moi, ça a l'air intimidant au début, mais ça deviendra plus facile avec le temps », a rassuré Emma.

« J'ai hâte d'apprendre comment gagner en confiance en soi ». J'ai montré mon enthousiasme, et Emma a continué à m'éclairer sur le sujet.

Tout d'abord, elle m'a expliqué que le fait d'atteindre de petits objectifs réalisables donne un sentiment d'accomplissement et de confiance en soi. Nous pouvons aussi remplacer le discours négatif sur soi par des affirmations positives et recadrer les pensées critiques. Cela nous permettra de voir au-delà des possibilités d'échec et de nous concentrer sur les résultats positifs.

Par ailleurs, prendre soin de notre santé physique et mentale en faisant de l'exercice, en mangeant sainement et en se reposant peut restaurer la confiance en soi. Lorsque nous nous sentons bien à l'extérieur, nous nous sentons également mieux à l'intérieur.

Se voir réussir rassure également notre confiance en soi. Lorsque nous nous imaginons en train de réussir dans diverses situations, nous nous rendons service car cela renforce notre confiance en nous. En outre, le fait d'être bien préparé peut renforcer notre confiance dans des tâches ou des situations spécifiques.

Il est naturel et tout à fait normal d'endurer des épreuves ou des défis lorsque nous sommes sur la voie de la réussite. Considérez les défis comme des occasions d'apprendre et de grandir plutôt que comme des menaces. Cela renforce non seulement la confiance en soi, mais garantit également l'autonomie en cas d'échec. Chaque fois que nous réussissons, nous devons reconnaître et nous récompenser pour nos succès, qu'ils soient grands ou petits, car le fait de célébrer notre réussite renforce notre confiance en soi.

Pour renforcer notre confiance en soi, nous devons consacrer du temps à des personnes qui nous soutiennent et nous encouragent. Ces personnes ne se contentent pas de nous soutenir lorsque nous échouons, mais célèbrent également nos réussites avec nous. Elles nous font sentir que nous sommes dignes malgré nos échecs ou nos réussites. La majorité du temps, les gens ne restent à nos côtés que lorsque nous réussissons, mais lorsque nous échouons, nous sommes souvent laissés seuls, ce qui nous fait douter de notre valeur.

De plus, sortir de notre zone de confort et affronter nos peurs peut nous aider à renforcer notre résilience et notre confiance en nous. Nous pouvons également envisager de demander conseil à un mentor, un coach ou un thérapeute pour obtenir des conseils et un soutien supplémentaires.

La dernière chose qu'Emma m'a dite m'a fait réaliser que j'avais bien fait de la contacter pour un mentorat. J'étais déjà sur le chemin de la confiance en soi, et elle a allumé une lueur d'espoir en moi.

« À partir de maintenant, tu dois prendre position pour toi-même. Si quelqu'un t'embête ou t'intimide, ou si tu as l'impression d'être maltraité, défends-toi et fais savoir aux autres qu'on ne te manquera pas de respect. »

J'ai écouté Emma attentivement. Je crois qu'elle a raison. Tout a pris du sens ! Je ne m'étais jamais défendue parce que je manquais de confiance en moi ! Elle m'a expliqué que la confiance en soi est le sous-produit de l'action, il est donc essentiel de passer à l'action même si tu ne te sens pas sûr de toi. Plus tu agis et dis ce que tu penses, plus cela devient facile chaque fois que tu le fais. Et plus tu le feras, plus les gens te comprendront et commenceront à te connaître.

Emma m'a expliqué que je devais élever la voix contre tout ce qui est injuste, que ce soit à mon égard ou à l'égard de n'importe qui d'autre. J'ai appris que l'utilisation efficace de notre voix implique de s'exprimer clairement et avec assurance dans différentes situations.

Il est important de parler clairement et directement pour se faire comprendre et faire passer son message.

Il est important de définir notre ton et notre hauteur de voix. Parfois, cela permet de transmettre des émotions et d'insister sur ce que l'on souhaite transmettre.

Lorsque nous haussons la voix pour quoi que ce soit, nous devons nous composer avec assurance. Notre langage corporel révèle à quel point nous paraissons forts ou confiants, ce qui est important lorsqu'il s'agit de laisser une impression.

Il est fondamental d'exprimer nos opinions, mais il est également crucial de surveiller notre ton et de choisir des mots qui transmettent le respect et la positivité, en particulier lorsque nous donnons un retour d'information ou que nous abordons des désaccords. De plus, la gestion de nos émotions lorsque nous parlons, en particulier dans les situations difficiles, est importante pour garder le contrôle de notre voix.

L'élévation de la voix est un aspect fondamental de la prise de parole en public. Elle ne sert pas seulement à lutter contre les préjugés, mais elle est également importante pour parler en public de façon régulière. Ainsi, s'entraîner à l'avance à parler et à dire en public peut nous aider lorsque nous devons faire face à quelqu'un. Entraîne-toi en écrivant ce que tu veux dire sur un papier, puis regarde-toi dans le miroir. Entraîne-toi à parler clairement et fermement, en faisant passer le message que tu veux, et en faisant attention à ton langage corporel et facial.

En nous servant efficacement de notre voix, nous pouvons communiquer de façon persuasive, établir des relations solides et atteindre nos objectifs. Nous pouvons également nous opposer à tout préjugé ou à toute injustice à notre égard ou à l'égard de quelqu'un d'autre.

« Tu peux commencer aujourd'hui en participant avec confiance en classe. Aussi, confronte l'entraîneur Shane et demande-lui de te laisser tirer le ballon à la place de Bethany », dit Emma après avoir tout expliqué sur la façon d'élever ma voix intérieure.

« Je te donne une tâche à accomplir aujourd'hui. Tu dois élever ta voix pendant ta séance d'entraînement aujourd'hui. Va demander ce que tu veux. Tu es une excellente joueuse de basket ! » Emma me pousse.

« Je ne suis pas sûr de pouvoir le faire », ai-je dit nerveusement.

» N'écoute pas ton baratin négatif sur toi-même. Tu dois le faire ! C'est ta tâche. Ce n'est qu'ainsi que tu pourras retrouver ta confiance en toi. »

« D'accord, je vais essayer. »

« Laisse-moi aussi te parler de ta voix intérieure. C'est une partie importante de notre personnalité et tout le monde en a une », dit-elle.

Augmenter le volume de notre voix intérieure nous aide à réfléchir à nos pensées, à nos sentiments et à nos actions, ce qui nous permet de mieux nous connaître et de mieux nous comprendre. Nous pouvons gérer nos émotions plus efficacement et maintenir un équilibre émotionnel en écoutant notre voix intérieure. En outre, notre voix intérieure peut nous guider dans la prise de décisions qui correspondent à nos valeurs et à nos objectifs. Elle peut nous aider à puiser dans notre intuition et à acquérir des connaissances plus approfondies.

Faire appel à notre voix intérieure nous permet de réfléchir aux défis et de trouver des solutions, ce qui renforce notre confiance et notre estime de soi. Cela peut aussi nous aider à reconnaître quand il faut poser des limites dans les relations et les situations.

Lorsque nous augmentons le volume de notre voix intérieure, que nous faisons des pas en avant et que nous restons cohérents, nous développons de bonnes habitudes qui nous aident à atteindre nos objectifs au fil du temps. L'utilisation de notre voix intérieure peut conduire à une approche plus attentive et intentionnelle de la vie, ce qui nous aide à relever les défis et à atteindre nos objectifs.

» Tu peux trouver ta voix intérieure en faisant une analyse de toi-même, Claire. Réfléchis à ce que ton esprit te dit dans une situation difficile. Passe au crible tes réactions face aux choses et demande-toi si tes réactions sont saines. Écoute ton esprit et ton cœur et agis en conséquence. Tu devrais aussi fixer des limites lorsque tu te sens mal à l'aise. Cela te permettra d'éviter toute douleur ou blessure inutile. »

« Écoute ce que dit ta voix intérieure et agis en conséquence. Tu me remercieras plus tard », dit-elle avec un subtil clin d'œil.

La cloche a sonné, et c'était l'heure de notre cours. Avant que je puisse dire quoi que ce soit d'autre, Emma s'est levée et a dit : « Allons-y, Claire. »

Alors que je marchais vers la classe, j'ai réfléchi à la façon dont j'allais participer au cours ce jour-là. Je me suis préparée à être plus sûre de moi et à répondre aux questions, même si je ne connaissais pas la bonne réponse. Je savais alors que je devais agir, même si je ne me sentais pas sûr de moi. Je me suis constamment rappelé tout ce qu'Emma m'avait appris.

À ma grande surprise, j'ai répondu à de nombreuses questions posées par Mme Reid ce jour-là. Certaines réponses étaient incorrectes, mais cela ne m'a pas affectée, et j'ai attendu les autres avec impatience.

Aussitôt, le cours s'est terminé et Emma m'a rejointe à l'extérieur.

« Whoa, c'était impressionnant. Tu apprends tellement vite », a-t-elle remarqué.

Je me suis sentie exaltée.

« Maintenant, il est temps de passer à la prochaine tâche de la journée ».

« Oui... je sais. » J'ai dit avec sarcasme.

« Je sais que tu peux le faire aussi. »

Les paroles d'Emma m'ont rassuré sur le fait que je pouvais me défendre contre l'entraîneur Shane et Bethany.

Nous nous sommes dirigées vers le terrain de basket. Emma s'est assise sur l'un des bancs pendant que je me changeais dans les vestiaires.

Pendant que je me changeais, je me rappelais sans cesse l'objectif que j'avais en tête, à savoir que je devais défendre mes droits. Ce n'était pas juste que l'entraîneur Shane demande toujours à Bethany de tirer à trois points et pas à moi.

Après m'être changée, je suis allée directement voir l'entraîneur Shane.

» Bonjour, Coach, je voudrais jouer à mon poste aujourd'hui et faire un tir à trois points à la place de Bethany. Je comprends que c'est votre nièce, mais vous ne pouvez pas être injuste avec moi », ai-je dit respectueusement, mais avec fermeté.

L'entraîneur Shane était stupéfait. Il ne s'attendait pas à ce qu'il entendait. Il est resté sans voix pendant quelques secondes. J'ai poursuivi ,

« Si vous ne me laissez pas jouer, je pourrais aller voir le principal... »

Je n'avais même pas terminé ma phrase qu'il a dit,

« C'est bon. Tu joueras et tu feras un tir à trois points. »

J'étais choqué.

« Wow, c'était facile », me suis-je dit.

Le reste de la séance d'entraînement s'est bien passé. Emma a tout regardé et m'a attendue après l'entraînement.

« Tu as réussi, ma fille ! Je suis tellement fière de toi », s'est-elle exclamée.

J'ai éprouvé un étrange sentiment de soulagement et de satisfaction, que je n'avais pas ressenti depuis longtemps. Je ne savais pas que le fait de me défendre me donnerait autant de force. Cela faisait un moment que je ne m'étais pas sentie aussi puissante et courageuse.

« Merci beaucoup, Emma. J'apprécie vraiment que tu m'aides à trouver ma voix et à m'exprimer ! »

« Il n'y a pas de quoi, mon amie. Cela va aller beaucoup mieux. Sois juste patiente. »

Il était alors temps de rentrer à la maison. Je suis allée m'installer dans mon bus. Une vague de joie et de plénitude s'était emparée de moi. Je l'ai ressentie tout au long du trajet jusqu'à la maison.

Chapitre 6 : Le Pouvoir de la Gentillesse et de l'Empathie

C'était le début d'une nouvelle journée pour moi, remplie d'anticipation, car j'avais hâte de discuter d'un nouveau sujet avec Emma.

La matinée a commencé par le doux son de mon réveil qui m'a réveillée. La lumière perçait à travers les rideaux, signalant le début d'une nouvelle journée. Je me suis levée de mon lit et je me suis étirée avant de me rendre dans la salle de bain. Je me suis lavé le visage, brossé les dents et peigné les cheveux. Je me sentais détendue et moins anxieuse. Après m'être préparée pour la journée, j'ai descendu les escaliers jusqu'à la cuisine pour prendre un petit déjeuner rapide composé de céréales et de pain grillé.

Une fois que j'ai eu mangé, j'ai rassemblé mes affaires et je me suis dirigée vers la porte pour attraper mon bus. L'air du matin était frais et vivifiant lorsque j'ai pris le chemin de l'école, prête à affronter la journée.

Le changement positif que j'ai ressenti en moi était surréaliste et difficile à croire. Mon regain de confiance et d'assurance était inexplicablement stupéfiant. Demander un mentorat à Emma a été la meilleure chose que j'ai faite depuis longtemps.

Je suis arrivée à l'école à l'heure et j'ai attendu Emma avant le cours. Quelques minutes plus tard, je l'ai vue marcher vers moi dans le couloir.

« Hey, Claire. Comment ça va, ma belle ?» Demanda-t-elle à voix haute de loin.

« Je vais bien. Comment vas-tu ? » J'ai répondu par une poutre alors qu'elle s'approchait de moi.

« Veux-tu savoir ce que j'ai préparé pour toi aujourd'hui ? Cela va être passionnant. »

« Oui, je t'en prie. Raconte-moi. » J'étais curieuse.

Je savais qu'elle devait avoir prévu quelque chose d'utile et d'instructif.

« Aujourd'hui, je vais te parler d'empathie et de gentillesse », a-t-elle dit avec enthousiasme. » Tu es prête pour ça ? »

« Bien sûr. Faisons-le avant le cours. Il nous reste encore un peu de temps avant l'arrivée de Mme Reid. »

« Allez, on y va ! »

Nous sommes allés au même endroit où nous nous étions assises hier et nous avons commencé à parler.

« Je suis sûr que tu dois savoir ce que sont l'empathie et la gentillesse... »

« En effet, Emma [...] Je sais que *l'empathie* consiste à ressentir, à comprendre et à prendre en compte ce que l'autre personne ressent. Cela signifie être sensible aux autres et être conscient de leurs sentiments et de leurs émotions », ai-je fait une pause, « Et je suppose que la *gentillesse* est un peu similaire. Cela signifie être amical, généreux et attentionné avec une personne. Cela fait référence à la qualité et aux actions qui consistent à être doux, attentionné et utile lorsqu'il s'agit de quelqu'un d'autre. »

Emma a répondu en souriant et en me regardant pendant que je parlais. Ses yeux brillaient comme si elle était fière de quelque chose.

« Je suis impressionnée, Claire. C'était admirable. Tu en sais déjà tellement sur le sujet. Je pense que je n'ai pas besoin de t'en dire beaucoup, » dit-elle en riant.

Le sentiment que quelqu'un est impressionné et fier de moi me paraissait nouveau. La coquille dans laquelle je vivais avant ne me donnait pas l'occasion de rendre quelqu'un fier. Je suppose que c'est grâce au regain de confiance en moi et d'assurance que j'avais acquis après les précédentes leçons d'Emma.

« Je crois que ça marche... » ai-je dit,

« Qu'est-ce qui marche ? » Emma demanda, confuse.

» Ton mentorat », ai-je dit en riant.

« Oh, oui. J'en suis ravie ! » Emma se mit à rire. « Reprenons là où nous en étions. Tu sais déjà quelles sont ces deux qualités. Tu devrais les utiliser comme tes super-pouvoirs. »

Quoi ? Des *super-pouvoirs* ? Comment est-ce possible ? me dis-je. C'est alors qu'Emma a commencé à m'expliquer comment.

Emma m'a expliqué que l'empathie est une vertu qui nous apprend à être gentils et compatissants. L'empathie et la gentillesse vont de pair. Lorsque nous sommes empathiques envers les autres, nous passons à l'étape de la gentillesse, et si nous sommes gentils envers les autres, cela signifie que nous sommes naturellement empathiques.

Être empathique ne signifie pas s'apitoyer sur le sort des autres, mais c'est faire preuve de compassion et de compréhension. Être empathique, c'est ressentir les émotions et les sentiments des autres et essayer de comprendre ce qu'ils ressentent et vivent. C'est la capacité d'imaginer et d'expérimenter le monde intérieur d'une autre personne, d'identifier ce que l'autre personne ressent à un moment donné, d'imaginer ce que quelqu'un pense, de reconnaître et de valider ses émotions, d'écouter ce qu'elle a à dire, d'imaginer ce que l'autre personne peut ressentir et de voir les choses de son point de vue.

D'un autre côté, la gentillesse est une qualité qui peut faire des merveilles. La gentillesse nous permet d'être altruistes, compatissants, attentionnés et généreux. C'est une qualité qui répand la positivité et la générosité. C'est une chaîne qui prévaut dans la société. Être gentil avec quelqu'un, c'est prendre en compte ses sentiments et ses besoins. C'est une façon de montrer sa sincérité et sa prévenance. De petits gestes ou de petites paroles peuvent témoigner de la gentillesse. La gentillesse peut s'exprimer en montrant à l'autre personne que tu tiens à elle. C'est faire preuve de bonté, de bonne volonté, de courtoisie, de sollicitude et de grâce. C'est être patient, aimant, serviable et hospitalier. C'est être désintéressé ou égocentrique et être tolérant et compréhensif.

La gentillesse et l'empathie peuvent faire une grande différence dans la société. Elles sont comme des super-pouvoirs. Lorsque nous les intégrons à notre vie, nous faisons la différence pour les autres et pour nous-mêmes. Elles procurent un sentiment d'accomplissement et d'utilité. Elles nous permettent de nous sentir satisfaits, contents et satisfaits de la façon dont nous nous comportons et réagissons envers quelqu'un d'autre. Choisir d'être gentil nous aide à grandir en tant qu'individu.

Lorsque nous choisissons d'être gentils et empathiques, nous vivons dans l'esprit et le cœur de l'autre personne. Ainsi, cela agit comme un super pouvoir car tout le monde ne peut pas le faire. Les personnes spéciales pratiquent la gentillesse et l'empathie. Les personnes qui ont gravé ces deux qualités en elles sont des super-héros qui peuvent se mettre en relation avec l'esprit et le cœur de quelqu'un d'autre et les comprendre.

Lorsqu'elle s'est arrêtée, j'ai commencé à assimiler tout ce qu'elle disait, réfléchissant à la façon d'inclure ces pratiques dans ma vie.

« As-tu déjà pensé à la façon dont tu peux utiliser ces qualités dans ta vie quotidienne ? » Emma m'a demandé.

« Umm... pas vraiment. Je n'en suis pas sûre. En général, je n'interagis pas beaucoup avec les gens, alors je n'y pense pas souvent. Je ne dirais pas que je suis impolie, méchante ou malveillante. J'essaie d'être empathique et gentil, mais je n'ai pas le courage ou la confiance nécessaire pour interagir avec les gens de cette façon. »

Pour autant que je sache, j'avais l'instinct de l'empathie et de la gentillesse, mais mon manque de confiance en moi et de courage ne m'a jamais poussé à tenter l'expérience. Je pensais à aider les gens dans le besoin mais je restais silencieuse parce que je n'avais pas assez confiance en moi pour m'opposer aux gens.

Même lorsque j'ai vu mon amie se faire brutaliser, je suis restée à distance en silence parce que je craignais les conséquences et la réaction des brutes. J'aurais pu l'aider dans cette situation, mais mon manque de confiance m'en a empêché.

Après ce qu'Emma m'a fait découvrir, j'ai décidé d'intégrer ces qualités dans ma vie quotidienne, quoi qu'il arrive. J'avais repris confiance en moi, alors j'avais bon espoir d'intégrer la gentillesse et l'empathie dans ma personnalité également. Passant au sujet, Emma m'a expliqué comment les utiliser dans ma vie quotidienne.

La gentillesse et l'empathie sont des outils puissants qui peuvent avoir un impact positif sur notre vie quotidienne et celle de ceux qui nous entourent. Nous pouvons faire preuve de gentillesse et d'empathie en écoutant activement. Il est très gentil d'accorder toute son attention à quelqu'un qui nous parle. Montrez de l'intérêt, répondez de façon réfléchie et faites en sorte que l'autre personne se sente écoutée et valorisée.

Reconnaître les forces, les talents et les efforts des personnes qui nous entourent est un geste très chaleureux. Un simple compliment peut illuminer la journée de quelqu'un, c'est pourquoi nous devrions intégrer le fait de complimenter les autres dans notre vie.

Par ailleurs, accorde aux autres le temps et l'espace nécessaires pour s'exprimer. Évite de brusquer les gens et montre-toi compréhensif s'ils ont des difficultés. Être prévenant, patient et tolérant peut avoir un impact notable.

Nous devrions également manifester de la gratitude et de l'appréciation pour les autres personnes et les choses que nous rencontrons chaque jour. Une note de remerciement ou une expression verbale de remerciement peut signifier beaucoup pour les autres. Être hospitalier et faire un effort pour quelqu'un compte aussi comme de la gentillesse et de l'empathie. Faire savoir aux gens que nous sommes là pour eux en cas de besoin est plutôt rassurant. Valider leurs sentiments et leur offrir du réconfort sans les juger peut sembler être un tout petit acte de gentillesse, mais cela va très loin !

Le geste d'empathie et de gentillesse le plus couramment pratiqué consiste à aider les autres. Il peut s'agir de quelque chose d'important qui a beaucoup de sens, qui demande un effort, ou même de quelque chose de minuscule ou de banal. Cherchez des occasions de donner un coup de main, qu'il s'agisse de tenir une porte ouverte, d'offrir de porter quelque chose ou d'aider quelqu'un dans le besoin.

Il est essentiel de choisir un langage attentionné et respectueux. Nous devons donc éviter les commentaires négatifs et faire attention à la façon dont nos paroles peuvent affecter les autres, car parfois les mots peuvent être très blessants.

De plus, pratiquer des actes aveugles de gentillesse et d'empathie peut faire la joie de quelqu'un. Fais quelque chose de gentil sans rien attendre en retour. Cela peut être aussi simple que de payer le café de quelqu'un ou de laisser une note gentille à un collègue.

En outre, nous devons garder à l'esprit qu'il est indispensable de respecter les limites des gens. Il est important de comprendre et de respecter les limites et les préférences des autres, qu'il s'agisse d'espace personnel ou de limites émotionnelles.

Faire preuve de gentillesse et d'empathie dans nos interactions avec les autres peut inciter les autres à faire de même. En pratiquant consciemment la gentillesse et l'empathie dans notre vie quotidienne, nous pouvons établir des relations plus solides, contribuer à une communauté positive et améliorer notre propre bien-être.

« Je te donne une tâche à accomplir aujourd'hui. Tu dois utiliser ces deux qualités tous les jours, d'une manière ou d'une autre, tout au long de la semaine. Je serai avec toi, donc tu n'as pas à t'inquiéter de quoi que ce soit », dit Emma.

Lorsque j'ai entendu parler de cet exercice pour la première fois, j'étais effrayée. Mais j'ai été un peu soulagée quand Emma m'a dit qu'elle m'aiderait tout au long de l'exercice. J'étais à la fois excitée et effrayée, mais prête à assumer ma tâche.

Peu après, c'était l'heure du cours et nous avons vu Mme Reid s'approcher. Emma et moi sommes entrées dans la salle de classe et nous nous sommes installées.

Le reste de la journée s'est plutôt bien passé. J'ai aussi réfléchi à la façon dont je pouvais aider les autres et faire preuve d'empathie à leur égard.

Nous avons quitté la salle de classe et nous avons traversé le couloir. Emma m'a demandé d'être attentive à ce qui m'entoure. Ainsi, je pourrais voir si quelqu'un a besoin de mon aide. Elle m'a donné l'exemple de mes séances de basket-ball. Je pourrais aider mes coéquipiers en les aidant à s'échauffer ou à s'étirer, ou je pourrais les aider en leur apprenant à tirer correctement sur un ballon. Elle m'a dit de regarder autour de moi quand je marche sur la route. Je peux aider une personne âgée ou faible. Je peux tenir la porte pour les gens qui entrent et sortent d'un magasin. Je peux aider quelqu'un à porter son sac à la voiture s'il ne peut pas le faire seul. Elle m'a dit beaucoup de choses que je pouvais faire pour montrer de la gentillesse aux autres.

Elle m'a expliqué que la gentillesse, c'est offrir une grâce. Nous sommes des êtres humains et nous commettons donc des erreurs. Nous pouvons être gentils dans notre réponse à nous-mêmes et aux autres lorsque ces erreurs se produisent.

Cela signifie qu'il faut réfléchir avant de parler, réfléchir avant de se venger et penser aux relations à long terme plutôt qu'à l'orgueil à court terme. Si nous pouvions tous nous rappeler qu'aucun d'entre nous n'est parfait, nous serions tous plus gentils les uns envers les autres. Fais preuve de grâce et de gentillesse.

J'ai découvert que ce n'est pas seulement notre opinion qui compte. Nous devons respecter les opinions des autres et être respectueusement en désaccord avec eux si nous ne sommes pas d'accord. Nous devons être reconnaissants. Nous devons être tolérants et patients.

Emma m'a beaucoup parlé et m'a demandé d'intégrer ces détails dans ma vie quotidienne. J'ai promis de le faire, quel que soit l'endroit où je me trouverais au cours de la journée.

Tout au long de la semaine, je me suis accrochée aux paroles d'Emma et j'ai cherché autour de moi à aider les gens. Le lendemain, en rentrant du supermarché, j'ai vu une vieille dame qui avait du mal à porter ses sacs et à ouvrir la porte simultanément. J'étais assez loin de la porte, mais j'ai couru pour lui ouvrir. Elle m'a regardé et m'a fait un sourire.

« C'est tellement gentil de votre part. Merci beaucoup ! »

Quand j'ai entendu ces mots, je me suis sentie si heureuse. J'avais l'impression que c'était la meilleure chose que j'avais faite depuis longtemps. Même quand je suis rentré et que je me suis couché, je n'arrêtais pas de penser à la petite phrase qu'elle m'avait dite.

« Ah ! Ça fait du bien », me suis-je murmuré.

Je n'avais jamais été aussi satisfaite de ma vie. J'ai aussi commencé à donner un coup de main à la maison. J'aidais mon père et ma mère à cuisiner, à faire la vaisselle, à nettoyer la maison, à faire la lessive ou à tondre la pelouse. J'aimais vraiment les aider dans tous les domaines.

J'aidais Abby, ma petite sœur, à faire ses devoirs, et Eve, ma grande sœur, à réaliser ses projets scientifiques. Je leur parlais plus gentiment et je devenais plus tolérant et patient lorsque nous nous disputions.

J'ai aidé mes amis à l'école. J'ai réalisé que la chose la plus gentille et la plus courageuse que l'on puisse faire est de s'opposer à quelqu'un qui n'est pas gentil. Cela provoque des conflits. Une personne gentille verrait le risque de conflit et resterait silencieuse. Une personne gentille ne veut jamais faire de vagues. Une personne gentille et courageuse sait qu'un conflit est possible et agit de toute façon. Elle sait qu'elle risque de faire des vagues, mais cela ne la dérange pas. J'ai aussi donné du fil à retordre aux intimidateurs tout au long de la semaine et je les ai avertis de ne pas s'en prendre à mes amis.

Lorsque j'ai décidé d'être gentille et empathique, j'ai eu l'impression de vivre une nouvelle vie. J'avais l'impression d'avoir un objectif et de ne pas me contenter d'exister. Je me suis sentie vivante et heureuse. J'étais satisfaite d'aider les gens et d'être plus empathique. C'était puissant. Je pense qu'Emma avait raison de dire qu'il s'agissait de mes *super-pouvoirs.*

J'ai découvert qu'il est important de faire preuve de gentillesse et d'empathie pour plusieurs raisons. Cela permet de renforcer nos relations, car la gentillesse et l'empathie aident à établir des relations solides et significatives avec les autres. Lorsque nous faisons preuve d'attention et de compréhension à l'égard des autres, cela favorise la confiance et approfondit les liens. La gentillesse et l'empathie peuvent améliorer notre propre bien-être émotionnel. Cela peut conduire à un plus grand bonheur et à une plus grande satisfaction, car aider les autres apporte souvent un sentiment d'accomplissement.

En outre, la gentillesse et l'empathie habituelles créent une atmosphère positive dans les contextes personnels et professionnels. Les gens sont plus susceptibles de répondre positivement et de rendre la pareille lorsque nous les traitons avec gentillesse et compréhension. Cela réduit également le stress et les conflits. Faire preuve d'empathie dans différentes situations peut aider à désamorcer les conflits et les malentendus potentiels. Cela peut également réduire notre propre stress en favorisant des interactions plus harmonieuses avec les personnes qui nous entourent.

La gentillesse et l'empathie favorisent l'émergence d'une communauté solidaire et inclusive. En tenant compte des sentiments et des points de vue des autres, nous tendons à créer un environnement où les gens se sentent valorisés et respectés. Nous donnons également le bon exemple aux autres, car faire preuve de gentillesse et d'empathie peut inciter les autres à faire de même. Cela peut créer un effet d'entraînement, conduisant à un comportement plus compatissant et plus respectueux dans nos cercles sociaux.

Lorsque nous pratiquons l'empathie, nous devenons de meilleurs auditeurs et communicateurs. Cela peut mener à des conversations plus ouvertes et plus honnêtes et améliorer notre capacité à comprendre et à répondre aux besoins des autres. L'empathie nous aide à voir les choses d'un point de vue différent. Elle nous permet d'être plus attentifs aux autres au lieu d'être égoïstes, et de reconnaître le point de vue des autres, même si nous ne sommes pas obligés d'être d'accord avec eux. Cela peut conduire à une plus grande appréciation de la diversité et des différentes perspectives et peut contribuer à une société plus inclusive et plus équitable.

J'en ai conclu que la gentillesse et l'empathie profitent aux autres et contribuent à notre bonheur et à notre bien-être général. Cela a un impact positif sur nos relations et sur la communauté dans son ensemble. Je suis reconnaissante à Emma de m'avoir appris tant de choses sur ce superpouvoir que je ne savais pas posséder.

Chapitre 7 : Le Pouvoir du Courage et de la Vulnérabilité

J'avais pensé à ce dont j'allais parler à Emma ensuite - ces sentiments durs et complexes dont j'avais toujours eu du mal à parler auparavant. J'avais l'espoir d'un changement, désirant briser le schéma et en parler.

Cette fois, je lui ai dit de quoi je voulais parler, et elle a aimé mon enthousiasme et a été impressionnée par mon initiative de participation.

Nous nous sommes retrouvées toutes les deux à l'école, ravies et gonflées à bloc pour la prochaine séance.

« Alors... attache ta ceinture de sécurité, Claire. Nous allons parler de sentiments inconfortables et de sujets complexes », dit Emma en plaisantant.

« Allons-y ! » J'ai accepté avec enthousiasme.

« Tu dois savoir ce que sont les sentiments pénibles et les sujets complexes, mais tu as du mal à les partager et à en parler, n'est-ce pas ? »

Et... nous avons commencé à parler. Emma a commencé à m'enseigner les sentiments difficiles et inconfortables, en m'expliquant comment ils nous affectent si nous n'en parlons pas. Parler de ces sentiments et de sujets complexes peut être difficile pour plusieurs raisons.

L'une de ces raisons est la gêne émotionnelle. Souvent, le fait d'aborder des sentiments inconfortables fait surgir des émotions douloureuses comme la tristesse, la colère ou la peur, si bien que de nombreuses personnes préfèrent éviter ces émotions, ce qui les conduit à éviter complètement le sujet. Ces sentiments se sont accumulés en nous et peuvent provoquer de la frustration et du ressentiment.

Parfois, nous craignons également d'être jugés. Nous nous inquiétons de la façon dont les autres nous percevront si nous révélons nos véritables sentiments. Nous craignons d'être jugés, incompris, voire rejetés pour avoir exprimé des pensées ou des émotions perçues comme négatives ou impopulaires.

Certains d'entre nous ne savons pas comment communiquer efficacement parce qu'on ne nous l'a pas appris ou parce que nous ne possédons pas les compétences de communication nécessaires pour nous exprimer ou pour exprimer nos préoccupations à propos de quelque chose en particulier. Par conséquent, l'expression d'émotions et de pensées complexes nécessite des compétences de communication efficaces, notamment l'articulation des sentiments, l'écoute active et la réponse empathique. Tout le monde ne possède pas ces compétences, ce qui peut rendre difficile l'engagement dans des conversations significatives sur des sujets difficiles.

S'ouvrir à des sentiments inconfortables requiert de la vulnérabilité, ce qui peut être effrayant. La peur d'être vulnérable est un combat parce qu'elle implique de s'exposer à la possibilité d'être blessé, jugé ou rejeté. Nos normes culturelles et sociétales dictent souvent ce qui est considéré comme approprié ou acceptable de discuter ouvertement. Certains sujets peuvent être considérés comme tabous ou interdits, ce qui rend difficile de les aborder au cours d'une conversation.

Elle m'a également dit que les expériences négatives vécues lors de discussions sur des sentiments difficiles ou des sujets complexes, comme le fait d'être invalidé ou rejeté, peuvent créer des barrières à la communication future sur des sujets similaires.

Dans l'ensemble, cette discussion avec Emma m'a fait comprendre qu'aborder des sentiments difficiles et des sujets complexes nécessite du courage, de l'empathie et des compétences de communication efficaces, autant d'éléments qui peuvent être difficiles à cultiver. Cependant, le fait de s'engager dans ces conversations peut mener à une compréhension plus profonde, à une croissance émotionnelle et à des liens plus forts avec les autres.

Intriguée par notre discussion, j'ai demandé à Emma : « Comment puis-je développer en moi le courage de parler de ces choses dans ma vie ? Je suis souvent extrêmement intimidée par ce genre de situations. »

« Je sais qu'il n'est pas facile d'avoir un franc-parler ou d'être suffisamment confiant pour élever la voix, mais Claire, pour ton développement personnel, c'est quelque chose que tu dois faire », m'a-t-elle répondu. « Je vais te dire comment tu peux développer ces aspects de ta personnalité. Et crois-moi, tu peux y arriver ! »

Les conversations inconfortables vous aident à éclaircir vos pensées et vos sentiments afin qu'une autre personne puisse vous voir plus en profondeur et mieux vous comprendre. Lorsque nous parlons de sentiments et d'émotions complexes, cela nous soulage et libère les émotions qui sont restées longtemps enfermées en nous. Ne pas parler de ces émotions peut entraîner une augmentation du stress et de l'anxiété, ce qui est nocif pour notre santé mentale et physique.

Lorsque nous abordons ces émotions de façon raisonnable et que nous les exprimons avec maturité, nous nous en débarrassons, ainsi que du stress et de l'anxiété qui nous menacent. L'expression de ces émotions peut nous libérer de la frustration, de l'anxiété et du ressentiment, et nous permettre de nous sentir libres et détendus. Au fil du temps, le fait de partager et de discuter des sentiments inconfortables avec une personne en qui nous avons confiance peut s'avérer profondément curatif, réduisant ainsi le stress et renforçant notre système immunitaire.

Lorsque nous nous ouvrons à des situations complexes et à des sentiments difficiles dans une relation, nous instillons un sentiment de confiance, d'empathie et de connexion dans le lien que nous partageons avec notre partenaire. Ce lien forme une connexion plus profonde car nous nous connectons à un niveau émotionnel. Cela favorise l'amour, la confiance et la compassion, ce qui finit par renforcer le lien.

Cela permet également de perfectionner nos compétences en matière de résolution de problèmes. Lorsque nous partageons nos préoccupations et nos problèmes avec un partenaire de confiance ou un confident, nous nous ouvrons en quelque sorte à des perspectives et à des points de vue divers sur un sujet particulier. Ces points de vue nous permettent d'envisager la situation sous un angle différent.

Emma a expliqué que le fait de partager nos sentiments et de discuter de sujets que nous trouvons souvent difficiles à aborder facilite notre développement personnel. Cela favorise notre développement et nous permet de grandir et d'évoluer. Nous sommes en mesure d'affronter nos peurs, nos préjugés et nos idées fausses, et cela nous permet également d'être conscients de nous-mêmes et favorise la résilience.

Lorsque nous abordons certains sujets considérés comme tabous dans notre société, comme les questions sociétales, l'injustice, les préjugés et l'inégalité, nous nous efforçons d'obtenir un changement social. Nous nous engageons à sensibiliser les gens et à faire évoluer la société.

Toutes les nouvelles informations que j'ai reçues d'Emma m'ont ouvert une perspective nouvelle et diversifiée sur ce sujet. J'ai appris qu'il favorise le bien-être émotionnel, la conscience de soi, l'épanouissement personnel et le développement, et qu'il conduit au changement social.

« Wow, c'était très instructif, Emma. J'en savais un peu plus à ce sujet, mais tu m'as ouvert les yeux. Il y a tellement plus à savoir sur ces sentiments, ai-je dit, je n'y avais jamais pensé de cette façon. »

« Je suis contente, Claire, mais maintenant tu dois accepter de parler de tout ce que tu as trouvé difficile auparavant », a répondu Emma. « Je sais que ce sera un peu difficile au début, mais je t'assure que ça va s'améliorer. »

Emma et moi avons discuté des facteurs à prendre en compte lorsque nous nous exprimons. Lorsque nous discutons de sentiments difficiles et de sujets complexes, plusieurs considérations peuvent nous aider à garantir une conversation constructive et respectueuse et à éviter toute rencontre blessante et inconfortable.

La première chose à faire est de privilégier l'empathie. Aborder la conversation avec empathie et compréhension et reconnaître que chacun vit ses émotions différemment t'aidera sûrement à obtenir un résultat positif. Cela garantit la paix et l'harmonie, évite toute situation pénible et favorise la patience.

Dans de telles situations, lorsque l'autre personne parle ou s'exprime, il est fondamental d'inculquer et de pratiquer l'écoute active en accordant toute notre attention à l'autre personne tout en l'écoutant, sans l'interrompre ni la juger. Réfléchir à ce que l'on a entendu pour s'assurer d'une compréhension mutuelle, identifier les endroits où l'on peut exprimer ses opinions et ses préoccupations, et se réjouir d'une conversation et d'une issue saines sont des exemples de comportement mature.

Quelle que soit la situation, il est indispensable de traiter les points de vue des autres avec respect, même si nous ne sommes pas d'accord. Ce que nous pouvons faire de mieux, c'est éviter d'utiliser un langage méprisant ou d'invalider les expériences de quelqu'un d'autre. Nous pouvons ainsi contribuer à créer un espace sûr où chacun se sent à l'aise pour s'exprimer sans craindre d'être jugé ou de subir des représailles. Nous pouvons aussi établir des règles de base, si nécessaire, pour maintenir une communication respectueuse. Par ailleurs, le fait de garder l'esprit ouvert et d'être prêt à considérer des points de vue différents des nôtres nous permet d'examiner des opinions et des perspectives différentes. Nous devrions également nous permettre d'être curieux et de poser des questions pour approfondir notre compréhension.

Nous devons observer les limites personnelles et ne partager que ce que nous nous sentons à l'aise de divulguer. De même, il faut respecter les limites des autres, s'ils choisissent de ne pas partager certaines informations, et ne jamais essayer de s'imposer. Nous devons également garder à l'esprit que nous devons utiliser un langage inclusif et non moralisateur, éviter les stéréotypes ou les suppositions, et être conscients de l'impact que nos mots peuvent avoir sur les autres.

Nous devons être conscients de la régulation émotionnelle et faire de notre mieux pour la contrôler et la maintenir lorsque nous discutons de quelque chose de crucial ou de complexe. Nous devons reconnaître quand nos émotions sont à fleur de peau et prendre du recul pour désamorcer, si nécessaire, car l'escalade des situations ou des conversations risque d'aboutir à une fin désagréable de la conversation.

Cherche à comprendre et à résoudre les problèmes plutôt qu'à avoir des arguments gagnants. Cherche un terrain d'entente et concentre-toi sur la recherche de solutions ou de compromis lorsque c'est possible.

En tenant compte de ces facteurs, nous pouvons favoriser une conversation constructive qui encourage l'empathie, la compréhension et le respect mutuel lorsque nous discutons de sentiments difficiles et de sujets complexes.

Notre conversation s'est terminée en me laissant un sentiment éclairé.

« Je pourrais peut-être m'exprimer davantage maintenant », ai-je mentionné.

« J'en suis certaine », a répondu Emma en me regardant avec un sourire, comme si elle était fière de moi.

« Tu sais quoi, Emma ? J'ai hâte d'appliquer tout ce que tu m'as dit. Je me sens tellement libérée. »

« C'est incroyable, Claire. Je sais que tu en es capable ! »

Ces mots ont résonné comme une mélodie à mes oreilles. Je n'avais jamais entendu souvent ces mots rassurants, et je n'avais pas non plus exploré ce côté du mien.

C'était nouveau, mais c'était bon.

« Bon, allez, lève-toi ! Allons déjeuner. Je suis affamée. » Emma interrompt mes pensées intrusives.

Revenant à la réalité, je me suis levée et j'ai rejoint Emma, qui avait déjà quelques pas d'avance sur moi.

Chapitre 8 : Le Pouvoir de Trouver Ta Voix et de s'Exprimer

Au fil du temps, Emma et moi sommes devenues de grandes amies. Non seulement elle était devenue mon mentor, mais elle était aussi devenue quelqu'un à qui je pouvais me confier. J'ai eu une véritable amie après un long moment, peut-être pour la première fois de ma vie.

Emma m'a appris tant de choses que j'ignorais, mais que j'aurais dû connaître plus tôt. Si je l'avais su plus tôt, ma vie aurait été tellement différente et meilleure.

Cependant, je n'ai pas perdu mon temps à regretter le passé et j'ai regardé l'avenir avec l'espoir d'un développement personnel et d'un progrès.

Chaque jour était porteur d'une lueur d'espoir et d'un désir d'apprendre quelque chose de nouveau et de réaliser quelque chose que je n'avais pas fait auparavant, que ce soit banal ou minuscule ou tout ce qui a beaucoup d'importance. Si cela n'avait pas la plus grande importance aux yeux de certaines personnes, pour moi, cela faisait une grande différence, et c'est ce qui comptait le plus.

J'avais hâte de rencontrer Emma le lendemain.

C'était un mercredi matin dégagé. Je suis arrivé à l'école plus tôt qu'Emma et j'ai attendu qu'elle me rejoigne dans le couloir. Je l'ai vue venir vers moi, un large sourire éclatant sur le visage.

» Hey, Emma, comment vas-tu ? »

« Claire, je vais bien. J'espère que tu vas bien toi aussi. Viens, on va parler du sujet d'aujourd'hui. »

Emma et moi nous sommes dirigées vers un coin silencieux et nous nous sommes assises.

« Nous allons parler de ta voix aujourd'hui ».

« Ma voix ? » J'ai demandé avec curiosité.

« Je voulais parler de ta voix littérale qui te permet de t'exprimer et de défendre tes intérêts. Cette voix. »

« Oh... je vois. »

J'étais très enthousiaste à l'idée d'en apprendre plus sur ma voix. J'ai découvert que nous avons tous une voix, ce qui signifie que nous avons le droit d'exprimer nos opinions, nos pensées et nos sentiments. Notre voix intérieure nous permet de reconnaître nos pensées et nos points de vue et de prendre en compte les points de vue d'autres personnes. C'est un concept associé à l'égalité, à la liberté d'expression et à l'inclusion. Elle met en évidence ce qui compte pour nous et nous aide à nous exprimer et à exprimer nos opinions.

« Voilà des choses intéressantes », ai-je dit.

Emma m'en avait déjà parlé, et maintenant elle voulait que je trouve ma propre voix.

J'ai accepté et je lui ai promis de faire de mon mieux pour exprimer mes pensées et mes opinions.

J'avais été une fille timide toute ma vie, mais il était temps de changer ce trait de caractère. Je savais que ce serait un peu difficile au début, mais je devais trouver le courage de surmonter mon incapacité à m'exprimer. S'exprimer et utiliser sa voix est à l'origine de tous les changements sociaux. Pour beaucoup d'entre nous, il est plus facile de défendre les autres que de parler pour soi-même. Nous érodons notre estime de soi lorsque nous ne parlons pas pour nous-mêmes.

Tout le monde a une voix qui lui est propre et qui lui permet de s'exprimer et de faire connaître ses opinions. Nos voix peuvent faire une grande différence pour nous et pour les autres. En disant les faits et la vérité, nous pouvons nous permettre d'être reconnus, d'obtenir des résultats, de nous accomplir et de ne pas être lésés de quelque manière que ce soit. Il en va de même pour les autres. Il se peut que nous voyions des personnes autour de nous être lésées ou ne pas être reconnues pour ce qu'elles font. Les gens souffrent souvent pour obtenir ce qu'ils méritent et sont lésés de différentes manières.

En utilisant notre voix, nous pouvons aider les gens à se sortir de telles situations. En élevant la voix de la bonne façon, nous pouvons faire la différence dans la société en nous aidant et en aidant les autres à obtenir ce qu'ils méritent.

J'ai reconnu que je devais aider les gens autour de moi, quels que soient leurs origines, leur âge, leur appartenance ethnique et leur culture. Je dois toujours être conscient de ma voix intérieure et être prêt et capable de l'exprimer chaque fois que c'est nécessaire.

Je me souviens d'avoir vu mon ami se faire malmener par certains de mes camarades de classe, mais je n'ai jamais rien dit et j'ai quitté les lieux en silence. Pourtant, je voulais prendre position et l'aider dans cette situation pénible, mais je n'ai jamais eu le courage d'affronter qui que ce soit, alors je me suis éloignée. De même, je me suis souvenue d'un autre incident où le fait d'élever la voix pour défendre ce qui était juste et bon aurait pu faire la différence, mais j'ai échoué comme d'habitude.

Ma camarade de classe, Lucy, a emprunté *L'île au trésor à la bibliothèque*. Dans l'unité suivante à la bibliothèque, on nous a raconté que le même livre avait été perdu. La bibliothécaire a interrogé Lucy devant tout le monde, l'accusant de ne pas avoir rendu le livre, mais je me suis souvenue qu'elle l'avait rendu. Je l'avais vue le rendre à la bibliothécaire alors que j'étais derrière elle dans la file d'attente. Nous étions tous intimidés par la situation, alors que la bibliothécaire interrogeait grossièrement Lucy devant la classe, l'accusant d'avoir égaré le livre et lui disant qu'elle aurait une amende si elle ne le retrouvait pas d'ici le lendemain. Je regarde Lucy. Elle était terrifiée et semblait sur le point de pleurer. Je l'ai entendue s'expliquer, dire qu'elle avait rendu le livre à la date prévue, mais la bibliothécaire ne l'a pas crue. J'aurais pu prendre la parole à ce moment-là, pour témoigner qu'elle avait bien rendu le livre, mais je n'ai pas pu le faire à cause de mon manque de confiance en moi et d'assurance.

La cloche a sonné et tout le monde a quitté la bibliothèque. Lucy est restée silencieuse, méditant sur la situation. Une expression de panique se lisait sur son visage. Je me suis approchée d'elle et lui ai demandé : « Ça va, Lucy ? »

« Je ne sais pas quoi faire maintenant. Je l'ai rendu à la date prévue. J'ai honte d'être accusée de quelque chose que je n'ai pas fait », dit-elle, la voix basse et cassée.

« Je sais que tu l'as rendu », ai-je dit en hésitant.

Elle m'a regardé avec effroi, comme si elle était déçue et avait le cœur brisé.

« Tu aurais dû dire quelque chose à ce moment-là », a-t-elle dit sévèrement.

« Je... je... ne sais pas ce que j'aurais dû dire ». J'ai trébuché sur mes mots. « Je suis désolé, Lucy. »

J'ai quitté la bibliothèque, laissant Lucy seule pour trouver le livre.

Le lendemain, un de nos amis communs m'a dit que le livre avait été trouvé dans le tiroir du bibliothécaire. J'étais soulagée de l'apprendre, mais j'avais aussi honte. Si j'avais parlé, Lucy aurait ressenti un sentiment de soulagement et de soutien. La culpabilité s'est emparée de moi. Je me sentais gênée et lâche. Cependant, j'ai anesthésié mes sentiments et j'ai continué le reste de la journée, plongé dans l'insécurité et la culpabilité. Je n'arrêtais pas de penser à ce que Lucy avait ressenti hier : et si j'avais parlé pour elle ? Si je l'avais fait, elle n'aurait pas eu à subir tout ce désordre !

Cet incident m'a servi d'exemple pour comprendre l'importance de parler et d'élever la voix pour exprimer la vérité. J'en ai parlé à Emma et j'attendais avec impatience ce qu'elle avait à dire.

» Il est plus que temps que tu saches trouver ta voix et l'utiliser à bon escient. Tu dois dire la vérité, Claire. Souvent, elle est pétrifiante, mais tu dois te souvenir que la vérité finit toujours par l'emporter. »

J'ai acquiescé. Emma a continué à me dire comment je pouvais trouver ma voix.

Trouver sa voix et dire la vérité implique un voyage de découverte de soi et de développement du courage de s'exprimer de façon authentique.

Pour faire valoir ton point de vue et t'exprimer, il est indispensable de consacrer du temps à la réflexion sur tes valeurs, tes croyances et tes expériences. Identifie ce qui compte le plus pour toi et ce que tu défends. Il est crucial de t'informer sur les sujets et les questions qui sont importants pour toi. Tu peux lire, faire des recherches et t'engager dans diverses perspectives pour approfondir ta compréhension.

De plus, pratique la connaissance de soi et sois attentif à tes pensées et à tes émotions. Cela te permettra de développer ta confiance en toi et ton assurance. Tu seras convaincu que tu es digne d'intérêt et que ton opinion compte.

Par ailleurs, il est important de déterminer la meilleure façon pour toi de communiquer, que ce soit par l'écriture, la parole, l'art ou une autre forme d'expression. Tu peux aussi expérimenter différents formats pour trouver ce qui résonne en toi.

Une fois que tu as mis la main dessus, demande des commentaires à des sources de confiance comme des amis, des mentors ou des pairs. Ils pourront peut-être aussi te donner des avis différents et précieux qui t'aideront probablement à trouver une version plus raffinée de ta voix.

À part cela, sois fidèle à toi-même et évite de te conformer aux attentes de la société. Tu dois te concentrer sur l'authenticité, la construction de la crédibilité et la confiance avec ton public. Essayer d'engager des conversations significatives avec différentes personnes autour de toi te permettra d'élargir tes idées et de maintenir ta position lorsque tu t'exprimeras en public. Tu feras peut-être des erreurs au début, mais avec le temps, tu apprendras à utiliser ta voix de manière percutante et efficace.

Tu dois travailler sur ces aspects et être patient pendant le processus en cours. Tout demande un certain temps, et tu parviendras à conserver ta voix et à l'utiliser pour avoir un impact dans la société. En suivant ces étapes, tu peux développer la capacité de dire ta vérité avec clarté et conviction, ce qui aura un impact positif sur ceux qui t'entourent.

Le fait de dire la vérité peut sembler décourageant au début. Tu peux être terrifié à l'idée d'énoncer les faits ou la vérité, mais cela devient plus facile avec le temps. Une fois qu'il est établi que la vérité détient le plus grand pouvoir, il devient facile pour nous de la dire à voix haute, même si cela devient difficile.

Parfois, la situation peut devenir complexe et tu peux te mettre en difficulté, mais s'en tenir à la vérité est toujours gagnant. N'aie pas peur et dis la vérité même si ta voix tremble.

Reste attaché à tes mots, et dis-les avec confiance. Sache que tu es du bon côté et que rien ne peut battre la vérité. Les mensonges ou la tromperie sont éphémères, mais la vérité est le triomphe ultime. La satisfaction et l'épanouissement que tu obtiens après avoir dit la vérité ou aidé quelqu'un dans une situation complexe sont exceptionnellement réconfortants et satisfaisants. La vérité est puissante, et elle te rend résilient et courageux.

Les faits relatifs à la vérité m'ont époustouflé. C'est une révélation choquante à laquelle je n'avais jamais prêté attention. Cela m'a donné un sentiment d'éveil et j'ai décidé de ne plus rester silencieuse. J'étais déterminée à dire la vérité, quelles que soient les circonstances auxquelles je serais confrontée. Je savais que ce serait un peu difficile au début, mais je savais qu'avec de la détermination et de la constance, cela deviendrait plus facile. Cette détermination m'a permis de me concentrer sur l'aide à apporter à moi-même et aux autres et sur la défense de mes intérêts et de ceux des autres lorsque cela s'avérait nécessaire.

« Emma, c'était très instructif. Je vais y travailler et tu remarqueras sûrement mes progrès », ai-je dit avec détermination.

« Tu peux y arriver, j'en suis certaine, Claire. N'oublie pas d'être concentrée et résistante, et ne recule pas tant que ton travail n'est pas terminé », a dit Emma avec confiance.

L'appréciation et le réconfort d'Emma me donnaient toujours l'impression d'être au sommet du monde. Je n'avais jamais ressenti cela avec aucun de mes amis ou membres de ma famille. C'était comme un nouveau départ pour ma nouvelle personnalité. Ravie et exaltée, je me réjouissais à l'idée de progresser et de m'efforcer de devenir la meilleure personne possible.

Chapitre 9 : La Danse de la Libération - La gratitude et l'amitié

C'était le début du mois de mai, et tout le monde était enthousiaste à l'idée de l'événement à venir dans notre école, y compris Emma et moi-même. Le *bal de printemps était tout proche*. L'événement était déjà le sujet de conversation de l'école, et tout le monde attendait impatiemment le 5 mai. Les préparatifs du bal battaient leur plein, et tout le monde était occupé à s'y préparer.

C'était la première fois que j'étais enthousiasmée par la danse depuis que j'ai commencé à fréquenter l'école. Parallèlement à nos séances de mentorat, nous sommes allées acheter nos robes. De nos tenues à nos coiffures, nous avions tout décidé. Emma et moi avons choisi des tenues similaires et des coiffures relevées assorties.

En un clin d'œil, c'était la *veille du bal de printemps*. J'avais invité Emma chez moi pour que nous puissions nous préparer ensemble pour l'événement. La mère d'Emma l'a déposée chez moi le soir du bal. Elle avait apporté sa magnifique robe rose, et j'en avais une semblable dans une douce couleur bleue. Ma chambre s'était transformée en salon alors que nous commencions toutes les deux à nous préparer pour l'événement. Emma et moi nous sommes beaucoup amusées en nous préparant, que ce soit en nous maquillant l'une l'autre ou en nous coiffant pour former des chignons élégants.

À 18 heures, le soir, nous étions prêtes à assister au bal de printemps. Ma mère nous a déposés à l'école. Le trajet jusqu'à l'école a paru défiler rapidement, tant nous étions étourdies par l'excitation.

Emma et moi sommes sorties de la voiture lorsque nous sommes arrivées à l'école, en soulevant nos robes pour qu'elles ne touchent pas le sol. Nos cœurs s'emballaient et nos yeux brillaient d'excitation. Nous sommes entrées dans la salle communautaire. L'ambiance qui régnait dans la salle était exaltante. Le plafond s'illuminait, les lumières scintillaient, et une musique forte jouait en arrière-plan avec tout le monde sur la piste de danse. Nous avons pris une seconde pour apprécier les images et les sons avant d'avancer.

Emma et moi étions sur la piste de danse, nous amusant à danser et à rire des mouvements de danse de l'autre. D'autres de nos amis, dont Lucy, nous ont rejointes dans la danse. C'était un moment tellement amusant avec tout le monde autour de moi. Ma nouvelle confiance en moi m'a permis de m'amuser et de m'exprimer parmi les gens.

Après la danse, tout le monde a pris des collations préparées par le comité de danse. Quel festin ! Du yaourt, du granola, de délicieux beignets, des brochettes de poulet grillé et un énorme plateau de fruits. J'ai tout mangé ce soir-là. La confiance et l'assurance se lisaient même dans mon appétit.

Après avoir fini de manger, Emma s'est approchée de moi et m'a demandé : « Comment vas-tu, Claire ? Comment vas-tu ? »

« Je me sens libérée, Emma. C'est tellement rafraîchissant et nouveau de vivre comme ça. J'avais l'impression de passer à côté d'une vie saine. Je ne savais pas que la confiance en soi et l'assurance étaient aussi importantes dans notre vie. »

Emma m'a écouté attentivement, un doux sourire aux lèvres. Je voyais déjà qu'elle était fière de moi.

« Tu sais quoi, Claire, je suis tellement fière de toi. Je savais depuis le début que tu pouvais le faire. Le potentiel que tu avais était évident dès le début. J'aime la façon dont tu as fait face à tout. Tu peux être fière de ton courage, de ta détermination et de ta résilience. Tu avais juste besoin d'un coup de pouce, et c'est ce que j'ai fait. »

« Merci, Emma. Tu es la seule véritable amie que j'ai eue dans ma vie. »

« Tu es toujours la bienvenue, Claire. Et tu sais quoi ? J'ai trouvé une amie en toi aussi. »

Emma et moi nous sentions en sécurité et en confiance l'une envers l'autre. Elle était l'amie que je cherchais depuis toujours.

Alors que la soirée se terminait par notre dernière danse de l'année, des flashbacks de tout ce que j'avais appris au cours de l'année se sont rejoués dans mon esprit. Avec un large sourire, me sentant vivante et libérée, j'ai repensé à tout ce qu'Emma m'avait appris.

Je me suis souvenue de la façon dont elle m'avait enseigné l'estime de soi et sa signification. J'ai pris conscience de ma valeur personnelle, ce qui m'a aidé à prendre confiance en moi et m'a donné de l'assurance, ce qui a considérablement amélioré mon estime de soi.

Mes rencontres avec Emma m'ont fait découvrir la gentillesse, l'empathie et la compassion. Je suis devenue empathique et compatissante envers les gens. Je me suis concentrée davantage sur l'aide à apporter aux gens et sur le fait de les traiter avec soin et amour, et j'ai constaté un changement radical dans la dynamique de mes relations. Les relations avec ma famille et mes amis se sont également améliorées lorsque j'ai entrepris le voyage de la gentillesse et de l'empathie.

J'ai également appris à communiquer mes sentiments compliqués et à partager les émotions et les pensées qu'il m'était difficile d'exprimer aux autres. Auparavant, je n'avais jamais eu l'habitude d'exprimer ce que je ressentais ou ce qui me dérangeait, mais j'ai commencé à apprendre à en parler et je me suis sentie libérée de toutes les émotions négatives accumulées en moi. J'ai appris à m'exprimer et à élever ma voix intérieure.

Cela m'a insufflé d'immenses connaissances et une grande perspicacité sur les choses que j'aurais dû savoir dès le départ. Cela m'a apporté une illumination exceptionnelle qui a transformé ma personnalité de façon radicale. J'ai appris à utiliser ma voix pour les bonnes raisons, ce qui m'a aidé non seulement moi, mais aussi les gens autour de moi. J'ai commencé à défendre mes amis et moi-même. Je me suis sentie puissante une fois que j'ai commencé à exprimer mes pensées.

Emma et moi étions épuisées à la fin de la soirée, mais nous nous sommes tellement amusées. C'était l'une des meilleures soirées de ma vie. Au plus profond de mon cœur, je ne voulais pas qu'elle se termine. Nous nous sommes amusés autant que possible et avons dansé de tout notre cœur sans penser à ce qui nous entourait. J'avais l'impression que personne ne me regardait et que j'étais libre. Mais il était temps de rentrer à la maison.

Ma mère devait venir nous chercher, alors Emma et moi nous sommes précipitées vers l'entrée principale.

« Attends... avant que nous sortions et que l'année scolaire se termine, je veux te dire une chose importante ».

« Qu'est-ce que c'est, Emma ? »

« N'oublie jamais d'être reconnaissante. Cela te mènera loin. »

Juste avant que maman ne vienne nous chercher, Emma m'a parlé de cette seule chose avant de quitter le bal de printemps.

Être reconnaissant, c'est éprouver de la gratitude pour les bonnes choses de notre vie. Il ne s'agit pas seulement de dire « merci » par habitude. Il s'agit de vraiment apprécier ce que nous avons et les gens qui nous entourent. Lorsque nous exprimons notre gratitude, nous nous concentrons sur ce que nous avons plutôt que sur ce que nous n'avons pas. Ce simple changement de mentalité peut faire une grande différence dans la façon dont nous nous sentons heureux et satisfaits.

Lorsque nous pratiquons la gratitude, nous commençons à remarquer les petites choses qui rendent la vie agréable. Il peut s'agir d'une journée ensoleillée, d'un bon repas ou d'un mot gentil d'un ami. Nous pouvons trouver le bonheur dans les moments quotidiens lorsque nous prêtons attention à ces petites joies. Cela nous aide à nous sentir plus positifs et moins stressés par les choses que nous aimerions changer.

Par ailleurs, la gratitude a un impact important sur notre santé mentale. Être reconnaissant nous permet de nous sentir moins déprimés ou anxieux. En effet, la gratitude nous encourage à penser positivement, ce qui permet de repousser les pensées négatives. Lorsque nous nous concentrons sur les bonnes choses, notre cerveau libère des substances chimiques qui nous rendent heureux et calmes (c'est pourquoi mon dessert préféré est le gâteau au chocolat - l'auteur).

Avec le temps, ces bons sentiments peuvent nous aider à mieux gérer les situations difficiles et à rebondir plus rapidement.

Un autre avantage de la gratitude est qu'elle améliore nos relations. Lorsque nous disons aux autres que nous les apprécions, ils se sentent bien et notre lien avec eux s'en trouve renforcé, comme cela a été le cas pour Emma et moi. Lorsque nous les remercions ou leur montrons notre appréciation, cela peut grandement influencer la façon dont nous nous sentons proches de notre famille, de nos amis et de nos collègues de travail. La gratitude contribue à instaurer la confiance et le respect, qui sont les fondements de relations solides.

Cela peut aussi nous faire prendre conscience de la situation dans son ensemble. Lorsque nous reconnaissons l'aide que les autres nous ont apportée, nous voyons à quel point nous sommes tous interconnectés. Cela peut nous pousser à rendre la pareille et à aider les autres en retour. Lorsque nous sommes reconnaissants, nous sommes plus enclins à être gentils, généreux et solidaires, ce qui crée un cycle positif dont tout le monde profite.

Se sentir reconnaissant n'est pas seulement bon pour notre esprit et notre cœur, c'est aussi bon pour notre corps. Les personnes qui pratiquent la gratitude se sentent pleines de fraîcheur et d'entrain car cela réduit le stress, qui est néfaste pour notre santé. Lorsque nous nous sentons calmes et heureux, notre corps fonctionne mieux et reste en meilleure santé.

Pratiquer la gratitude ne signifie pas ignorer les mauvaises choses de la vie. Il s'agit de trouver un équilibre et de reconnaître que, même lorsque les choses sont difficiles, il y a toujours de bonnes choses à apprécier. Cette vision équilibrée peut nous aider à nous sentir plus stables et à garder espoir, même dans les moments difficiles.

Cette nouvelle perspective a élargi ma vision de la vie. J'ai compris qu'être reconnaissant rendait la vie meilleure. Cela nous aide à nous sentir plus heureux et moins stressés, à améliorer nos relations et même à renforcer notre santé. Nous pouvons profiter plus pleinement de la vie en nous concentrant sur les bonnes choses, petites et grandes. La gratitude nous rappelle qu'il y a toujours quelque chose dont nous pouvons être reconnaissants, quels que soient les défis auxquels nous sommes confrontés. Cette perspective positive peut améliorer notre vie, en rendant chaque jour un peu plus lumineux et plus significatif.

En l'espace de quelques minutes, juste avant que maman ne vienne nous chercher, Emma m'a bouleversée. Je n'avais jamais envisagé la gratitude de cette façon. Je pensais seulement qu'être reconnaissant signifiait dire « merci » à quelqu'un ou apprécier quelqu'un.

« Uhhh... Je suis fatiguée. J'ai mal aux pieds à force de danser », dis-je en riant, »mais je te suis tellement reconnaissante, Emma. Merci beaucoup de m'avoir fait me sentir plus moi-même. »

« Il n'y a pas de quoi. Bon... laisse-moi te dire encore une chose avant que nous nous arrêtions », dit-elle, « Tu dois être 'authentiquement toi-même' , Claire. Ce n'est pas difficile, crois-moi. »

Je l'ai regardée et j'ai compris ce qu'elle voulait dire. Tout ce que j'avais appris au cours de mon parcours de mentorat avec Emma avait élargi mes perspectives.

Juste avant de sortir de la voiture, nous avons discuté longuement du fait d'être authentiquement toi-même.

Être soi-même signifie être fidèle à ce que l'on est, ne pas faire semblant d'être quelqu'un d'autre juste pour s'intégrer ou rendre les autres heureux. Il est important d'être authentiquement soi-même car cela permet de mener une vie plus heureuse et plus épanouie. Tu te sens plus à l'aise et en paix lorsque tu es fidèle à toi-même. Tu n'as pas à te soucier de maintenir une fausse image ou de prétendre être quelqu'un que tu n'es pas. Cela rend la vie plus simple et moins stressante.

Lorsque tu es toi-même, tu attires les bonnes personnes dans ta vie, comme je l'ai fait. Emma et moi avons partagé le lien le plus beau et le plus vrai, car nous avons toutes les deux choisi d'exprimer notre vrai moi l'une envers l'autre. Notre lien amical s'est renforcé parce que nous pouvions être nous-mêmes, authentiques, et nous nous sommes toujours soutenues l'une l'autre lorsque c'était nécessaire, en particulier Emma, qui m'a soutenue lorsque j'en avais le plus besoin. Elle est devenue ma confidente.

Par conséquent, nous devrions toujours nous rappeler que les personnes qui t'apprécient pour ce que tu es seront attirées par toi. Ces relations sont plus authentiques et plus satisfaisantes parce qu'elles sont basées sur le vrai toi. Tu n'as pas à t'inquiéter de perdre des amis ou du respect si tu arrêtes de faire semblant. Les personnes qui se soucient vraiment de toi t'apprécieront pour ton authenticité et t'accepteront tel que tu es.

La leçon la plus importante de ma vie est qu'être soi-même renforce également la confiance en soi. Lorsque tu acceptes et exprimes ton vrai moi, tu crois en ta valeur. Tu réalises que tu n'as pas besoin de changer qui tu es pour être accepté ou apprécié. Cela renforce ton estime de soi et te fait te sentir plus fort. Tu es plus à l'aise dans ta peau, ce qui t'aide à relever plus facilement les défis et les échecs.

Par ailleurs, l'authenticité permet de prendre de meilleures décisions. Lorsque tu te connais et que tu t'acceptes, tu fais des choix qui correspondent à tes vraies valeurs et croyances. L'opinion des autres ou la pression des pairs ne t'influencent pas. Cela signifie que tes décisions sont plus susceptibles de te conduire au bonheur et à la réussite en fonction de ce qui compte vraiment pour toi.

Être fidèle à soi-même stimule également la créativité et l'innovation. Lorsque tu n'as pas peur d'exprimer tes pensées et tes idées uniques, tu peux proposer des projets créatifs et des solutions originales. Prétendre être quelqu'un d'autre peut étouffer ta créativité parce que tu essaies constamment de rentrer dans un moule qui ne correspond pas à ton vrai moi. Embrasser ton moi authentique permet à tes talents naturels et à tes idées de s'épanouir.

Vivre de façon authentique encourage également les autres à faire de même. Lorsque les gens te voient être fidèle à toi-même, cela les inspire à l'être aussi. Cela peut créer un environnement positif où chacun se sent libre d'exprimer son vrai moi. Cela favorise l'honnêteté et l'ouverture, ce qui permet d'établir des liens plus profonds et plus significatifs.

De plus, le fait d'être soi-même apporte un sentiment de paix intérieure et d'épanouissement. Le fait de ne pas faire semblant ou de ne pas cacher certaines parties de toi-même te permet de te sentir plus en accord avec tes valeurs et tes désirs intérieurs. Cela crée un sentiment d'harmonie et de satisfaction dans la vie. Tu as plus de chances de te sentir satisfait et heureux parce que tu vis d'une manière qui correspond à ce que tu es vraiment.

En somme, j'ai appris à être authentiquement moi-même et j'ai reconnu à quel point c'est crucial pour une vie heureuse et épanouie. Cela réduit le stress, renforce la confiance en soi et t'aide à nouer des relations authentiques. Cela apporte également une paix intérieure et un profond sentiment d'accomplissement. Alors, accepte qui tu es, avec toutes tes qualités uniques et tes imperfections. En étant fidèle à toi-même, tu te créeras une vie véritablement satisfaisante et pleine de sens.

Il était temps de sortir de la voiture. Emma et moi avions passé ensemble la meilleure et la plus divertissante des soirées depuis que nous sommes devenues amies. De plus, elle allait rester chez nous, car c'était le week-end. Nous avions prévu toutes les activités pour la nuit. J'avais préparé des jeux de société, des jeux vidéo, notre séance de commérages et des collations, et j'étais extrêmement excitée !

» Nous allons nous amuser comme des fous ce soir », me suis-je exclamée en courant à l'intérieur de la maison.

Emma s'est aussi précipitée derrière moi. Nous nous sommes précipitées dans ma chambre pour enfiler nos pyjamas confortables.

Pendant que nous nous amusions, je me suis rendu compte de l'impact qu'un bon mentorat avait sur moi. La libération que je ressentais en moi était louable et se voyait dans la façon dont je me comportais maintenant.

Emma et moi étions devenues les meilleures amies du monde et nous nous réjouissions à l'avance des nombreuses années d'amitié que nous allions vivre ensemble !

***

www.ingramcontent.com/pod-product-compliance
Lightning Source LLC
LaVergne TN
LVHW010114170826
845678LV00012B/2398
* 9 7 9 8 2 3 0 0 8 7 6 7 0 *